工会工作
实用手册

中国法制出版社

编辑说明

《中国工会章程》是中国工会的基础性规章性文件，是处理工会内部事务的基本准则。2023年10月12日，中国工会第十八次全国代表大会通过了《中国工会章程（修正案）》。章程修正案坚持以习近平新时代中国特色社会主义思想为指导，全面贯彻党的二十大精神，对标党章修改，在总则中增写了深入学习贯彻习近平总书记关于党的建设的重要思想、为实现新时代新征程党的中心任务而奋斗、发展全过程人民民主、推动产业工人队伍建设改革等内容。章程修正案认真总结新时代党领导工运事业和工会工作的成功经验，充分反映工会改革实践成果，在有关条文中明确新就业形态劳动者入会权利，明确区域性、行业性工会联合会组织形式，规范基层工会委员会名称和任期，明确工会干部能力本领要求，有利于各级工会持续深化改革和建设，有效发挥党联系职工群众的桥梁纽带作用。

为了帮助广大工会会员和工会干部更好地学习工会工作的有关内容，本书根据工会章程以及工会相关法规、政策编写了本书。本书有如下特点：

1. 全书从工会基础知识、工会组织建设、工会会员和干部队伍建设、工会劳动保护和权益保障工作、工会女职工工作、工会财务和经费审查工作多个板块进行划分，涵盖工会工作的多个方面，结构清晰、内容全面。

2. 根据法规内容，细化概括，以小标题的形式凝练法规精要，便于快速查找学习。

3. 附录收录工会章程及工会相关法规，进一步拓展学习规章制度。

希望本书的出版能够为各级工会组织和广大工会干部学习、遵守、贯彻、维护工会章程，做好工会工作提供一定的帮助。对于本书的不足之处，还望读者不吝批评指正！

目 录

第一章 工会基础知识 …………………………… 1
  第一节 工会的性质、根本活动准则和指导思想 ………… 1
  第二节 工会的基本职责和基本任务 …………………… 2
  第三节 工会的权利和义务 …………………………… 5
  第四节 会　徽 ………………………………………… 7

第二章 工会组织建设 …………………………… 9
  第一节 工会组织制度 ………………………………… 9
  第二节 工会全国组织 ………………………………… 12
  第三节 工会地方组织 ………………………………… 14
  第四节 基层工会组织 ………………………………… 16
  第五节 基层工会组织选举工作 ……………………… 19
  第六节 基层工会会员代表大会制度 ………………… 25

第三章 工会会员和干部队伍建设 ……………… 34
  第一节 工会会员队伍建设 …………………………… 34
  第二节 工会干部队伍建设 …………………………… 39
  第三节 企业工会主席产生办法 ……………………… 40

第四章 工会劳动保护和权益保障工作 ………… 44
  第一节 工会劳动保护监督检查员管理 ……………… 44

1

第二节　工会劳动保护工作责任制 …………………… 47
第三节　工会劳动法律监督 …………………………… 50
第四节　企业工会主席合法权益保护 ………………… 55
第五节　工会法律援助办法 …………………………… 58

第五章　工会女职工工作 …………………………………… 63
第一节　工会女职工委员会工作 ……………………… 63
第二节　女职工劳动保护特别规定 …………………… 67
第三节　加强新时代工会女职工工作 ………………… 70

第六章　工会财务和经费审查工作 ……………………… 75
第一节　工会预算管理 ………………………………… 75
第二节　基层工会预算管理 …………………………… 85
第三节　基层工会经费收支管理 ……………………… 92
第四节　工会会计管理 ………………………………… 98
第五节　工会送温暖资金使用管理工作 ……………… 113
第六节　工会审计 ……………………………………… 116

附　录

中华人民共和国工会法 ………………………………… 126
　　（2021年12月24日）
中国工会章程 …………………………………………… 137
　　（2023年10月12日）
企业工会工作条例 ……………………………………… 155
　　（2006年12月11日）
机关工会工作暂行条例 ………………………………… 169
　　（2015年6月26日）
事业单位工会工作条例 ………………………………… 177
　　（2018年9月4日）

工会基层组织选举工作条例 …………………………………… 188
　　（2016 年 10 月 9 日）
基层工会会员代表大会条例 …………………………………… 195
　　（2019 年 1 月 15 日）
工会会计制度 …………………………………………………… 204
　　（2021 年 4 月 14 日）
基层工会经费收支管理办法 …………………………………… 220
　　（2017 年 12 月 15 日）
工会送温暖资金使用管理办法（试行） ……………………… 229
　　（2018 年 12 月 21 日）
工会预算管理办法 ……………………………………………… 233
　　（2019 年 12 月 31 日）
工会女职工委员会工作条例 …………………………………… 245
　　（2019 年 3 月 20 日）
企业工会主席合法权益保护暂行办法 ………………………… 249
　　（2007 年 8 月 20 日）
企业工会主席产生办法（试行） ……………………………… 253
　　（2008 年 7 月 25 日）
工会会员会籍管理办法 ………………………………………… 257
　　（2016 年 12 月 12 日）
职工互助保障组织监督管理办法 ……………………………… 261
　　（2020 年 2 月 26 日）
基层工会法人登记管理办法 …………………………………… 267
　　（2020 年 12 月 8 日）
工会法律援助办法 ……………………………………………… 274
　　（2008 年 8 月 11 日）

工会劳动保护监督检查员管理办法 …………………………… 279

　　（2011 年 5 月 24 日）

工会劳动法律监督办法 ………………………………………… 283

　　（2021 年 3 月 31 日）

第一章　工会基础知识

第一节　工会的性质、根本活动准则和指导思想

1. **工会的性质**

中国工会是中国共产党领导的职工自愿结合的工人阶级群众组织,是党联系职工群众的桥梁和纽带,是国家政权的重要社会支柱,是会员和职工利益的代表。

2. **工会的根本活动准则**

中国工会以宪法为根本活动准则,按照《中华人民共和国工会法》和《中国工会章程》独立自主地开展工作,依法行使权利和履行义务。

3. **工会的指导思想和建设宗旨**

工人阶级是我国的领导阶级,是先进生产力和生产关系的代表,是中国共产党最坚实最可靠的阶级基础,是改革开放和社会主义现代化建设的主力军,是维护社会安定的强大而集中的社会力量。中国工会高举中国特色社会主义伟大旗帜,以马克思列宁主义、毛泽东思想、邓小平理论、"三个代表"重要思想、科学发展观、习近平新时代中国特色社会主义思想为指导,贯彻执行党的以经济建设为中心,坚持四项基本原则,坚持改革开放的基本路线,保持和增强政治性、先进性、群众性,坚定不移地走中

国特色社会主义工会发展道路，推动党的全心全意依靠工人阶级的根本指导方针的贯彻落实，全面履行工会的社会职能，在维护全国人民总体利益的同时，更好地表达和维护职工的具体利益，团结和动员全国职工自力更生、艰苦创业，坚持和发展中国特色社会主义，为全面建成小康社会、把我国建设成为富强民主文明和谐美丽的社会主义现代化强国、实现中华民族伟大复兴的中国梦而奋斗。

第二节　工会的基本职责和基本任务

1. 工会的基本职责

中国工会坚持自觉接受中国共产党的领导，承担团结引导职工群众听党话、跟党走的政治责任，巩固和扩大党执政的阶级基础和群众基础。

中国工会的基本职责是维护职工合法权益、竭诚服务职工群众。

2. 工会的基本任务

中国工会按照中国特色社会主义事业"五位一体"总体布局和"四个全面"战略布局，贯彻创新、协调、绿色、开放、共享的新发展理念，把握为实现中华民族伟大复兴的中国梦而奋斗的工人运动时代主题，弘扬劳模精神、劳动精神、工匠精神，动员和组织职工积极参加建设和改革，努力促进经济、政治、文化、社会和生态文明建设；发展全过程人民民主，代表和组织职工参与管理国家事务、管理经济和文化事业、管理社会事务，参与企业、事业单位、机关、社会组织的民主管理；教育职工践行社会主义核心价值观，不断提高思想道德素质、科学文化素质和技术技能素质，建设有理想、有道德、有文化、有纪律的职工队伍，不断发展工人阶级先进性。

中国工会以忠诚党的事业、竭诚服务职工为己任，坚持组织起来、切实维权的工作方针，坚持以职工为本、主动依法科学维权的维权观，促进完善社会主义劳动法律，维护职工的经济、政治、文化和社会权利，参与协调劳动关系和社会利益关系，推动构建和谐劳动关系，促进经济高质量发展和社会的长期稳定，维护工人阶级和工会组织的团结统一，为构建社会主义和谐社会作贡献。

中国工会维护工人阶级领导的、以工农联盟为基础的人民民主专政的社会主义国家政权，协助人民政府开展工作，依法发挥民主参与和社会监督作用。

中国工会推动产业工人队伍建设改革，强化产业工人思想政治引领，提高产业工人队伍整体素质，发挥产业工人骨干作用，维护产业工人合法权益，保障产业工人主人翁地位，造就一支有理想守信念、懂技术会创新、敢担当讲奉献的宏大产业工人队伍。

中国工会在企业、事业单位、社会组织中，按照促进企事业和社会组织发展、维护职工权益的原则，支持行政依法行使管理权力，组织职工参与本单位民主选举、民主协商、民主决策、民主管理和民主监督，与行政方面建立协商制度，保障职工的合法权益，调动职工的积极性，促进企业、事业单位、社会组织的发展。

中国工会实行产业和地方相结合的组织领导原则，坚持民主集中制。

中国工会坚持以改革创新精神加强自身建设，健全联系广泛、服务职工的工作体系，增强团结教育、维护权益、服务职工的功能，坚持群众化、民主化，保持同会员群众的密切联系，依靠会员群众开展工会工作。各级工会领导机关坚持把工作重点放到基层，着力扩大覆盖面、增强代表性，着力强化服务意识、提高维权能力，着力加强队伍建设、提升保障水平，坚持服务职工群众的工作生命线，全心全意为基层、为职工服务，构建智慧工会，增强基层工会的吸引力凝聚力战斗力，把工会组织建设得更加充满活力、更加坚强有力，成为深受职工群众信赖的学习型、服务型、创新型"职工之家"。

工会兴办的企业、事业单位，坚持公益性、服务性，坚持为改革开放和发展社会生产力服务，为职工群众服务，为推进工运事业服务。

中国工会努力巩固和发展工农联盟，坚持最广泛的爱国统一战线，加强包括香港特别行政区同胞、澳门特别行政区同胞、台湾同胞和海外侨胞在内的全国各族人民的大团结，促进祖国的统一、繁荣和富强。

中国工会在国际事务中坚持独立自主、互相尊重、求同存异、加强合作、增进友谊的方针，在独立、平等、互相尊重、互不干涉内部事务的原则基础上，广泛建立和发展同国际和各国工会组织的友好关系，积极参与"一带一路"建设，增进我国工人阶级同各国工人阶级的友谊，同全世界工人和工会一起，在推动构建人类命运共同体中发挥作用，为世界的和平、发展、合作、工人权益和社会进步而共同努力。

中国工会深入学习贯彻习近平总书记关于党的建设的重要思想，落实新时代党的建设总要求，贯彻全面从严治党战略方针，以党的政治建设为统领，加强党的建设，深刻领悟"两个确立"的决定性意义，增强"四个意识"、坚定"四个自信"、做到"两个维护"，在思想上政治上行动上同以习近平同志为核心的党中央保持高度一致。

第三节　工会的权利和义务

1. 保障职工依法行使民主管理

企业、事业单位、社会组织违反职工代表大会制度和其他民主管理制度，工会有权要求纠正，保障职工依法行使民主管理的权利。

法律、法规规定应当提交职工大会或者职工代表大会审议、通过、决定的事项，企业、事业单位、社会组织应当依法办理。

2. 帮助、指导职工签订劳动合同

工会帮助、指导职工与企业、实行企业化管理的事业单位、社会组织签订劳动合同。

工会代表职工与企业、实行企业化管理的事业单位、社会组织进行平等协商，依法签订集体合同。集体合同草案应当提交职工代表大会或者全体职工讨论通过。

工会签订集体合同，上级工会应当给予支持和帮助。

企业、事业单位、社会组织违反集体合同，侵犯职工劳动权益的，工会可以依法要求企业、事业单位、社会组织予以改正并承担责任；因履行集体合同发生争议，经协商解决不成的，工会可以向劳动争议仲裁机构提请仲裁，仲裁机构不予受理或者对仲裁裁决不服的，可以向人民法院提起诉讼。

3. 用人单位处分职工不适当时提出意见

企业、事业单位、社会组织处分职工，工会认为不适当的，有权提出意见。

用人单位单方面解除职工劳动合同时，应当事先将理由通知工会，工会认为用人单位违反法律、法规和有关合同，要求重新研究处理时，用人单位应当研究工会的意见，并将处理结果书面通知工会。

职工认为用人单位侵犯其劳动权益而申请劳动争议仲裁或者向人民法院提起诉讼的，工会应当给予支持和帮助。

4. 用人单位侵犯职工劳动权益时进行交涉

企业、事业单位、社会组织违反劳动法律法规规定，有下列侵犯职工劳动权益情形，工会应当代表职工与企业、事业单位、社会组织交涉，要求企业、事业单位、社会组织采取措施予以改正；企业、事业单位、社会组织应当予以研究处理，并向工会作出答复；企业、事业单位、社会组织拒不改正的，工会可以提请当地人民政府依法作出处理：（1）克扣、拖欠职工工资的；（2）不提供劳动安全卫生条件的；（3）随意延长劳动时间的；（4）侵犯女职工和未成年工特殊权益的；（5）其他严重侵犯职工劳动权益的。

5. 对劳动条件和安全卫生设施等进行监督

工会依照国家规定对新建、扩建企业和技术改造工程中的劳动条件和安全卫生设施与主体工程同时设计、同时施工、同时投产使用进行监督。对工会提出的意见，企业或者主管部门应当认真处理，并将处理结果书面通知工会。

6. 发现明显重大事故隐患和职业危害时提出解决的建议

工会发现企业违章指挥、强令工人冒险作业，或者生产过程中发现明显重大事故隐患和职业危害，有权提出解决的建议，企业应当及时研究答复；发现危及职工生命安全的情况时，工会有权向企业建议组织职工撤离危险现场，企业必须及时作出处理决定。

7. 对侵犯职工合法权益的问题进行调查

工会有权对企业、事业单位、社会组织侵犯职工合法权益的问题进行调查，有关单位应当予以协助。

职工因工伤亡事故和其他严重危害职工健康问题的调查处

理，必须有工会参加。工会应当向有关部门提出处理意见，并有权要求追究直接负责的主管人员和有关责任人员的责任。对工会提出的意见，应当及时研究，给予答复。

8. 发生停工、怠工事件时与有关方面协商

企业、事业单位、社会组织发生停工、怠工事件，工会应当代表职工同企业、事业单位、社会组织或者有关方面协商，反映职工的意见和要求并提出解决意见。对于职工的合理要求，企业、事业单位、社会组织应当予以解决。工会协助企业、事业单位、社会组织做好工作，尽快恢复生产、工作秩序。

9. 提供法律援助等法律服务

县级以上各级总工会依法为所属工会和职工提供法律援助等法律服务。

10. 加强对职工的思想政治引领

工会会同用人单位加强对职工的思想政治引领，教育职工以国家主人翁态度对待劳动，爱护国家和单位的财产；组织职工开展群众性的合理化建议、技术革新、劳动和技能竞赛活动，进行业余文化技术学习和职工培训，参加职业教育和文化体育活动，推进职业安全健康教育和劳动保护工作。

11. 做好职工集体福利事业和劳动模范的评选、表彰等工作

工会协助用人单位办好职工集体福利事业，做好工资、劳动安全卫生和社会保险工作。

根据政府委托，工会与有关部门共同做好劳动模范和先进生产（工作）者的评选、表彰、培养和管理工作。

第四节 会 徽

中国工会会徽，选用汉字"中""工"两字，经艺术造型呈圆形重叠组成，并在两字外加一圆线，象征中国工会和中国工人阶级的团结统一。会徽的制作标准，由中华全国总工会规定。

中国工会会徽，可在工会办公地点、活动场所、会议会场悬挂，可作为纪念品、办公用品上的工会标志，也可以作为徽章佩戴。

第二章 工会组织建设

第一节 工会组织制度

(一) 工会组织原则

中国工会实行民主集中制,主要内容是:

(1) 个人服从组织,少数服从多数,下级组织服从上级组织。

(2) 工会的各级领导机关,除它们派出的代表机关外,都由民主选举产生。

(3) 工会的最高领导机关,是工会的全国代表大会和它所产生的中华全国总工会执行委员会。工会的地方各级领导机关,是工会的地方各级代表大会和它所产生的总工会委员会。

(4) 工会各级委员会,向同级会员大会或者会员代表大会负责并报告工作,接受会员监督。会员大会和会员代表大会有权撤换或者罢免其所选举的代表和工会委员会组成人员。

(5) 工会各级委员会,实行集体领导和分工负责相结合的制度。凡属重大问题由委员会民主讨论,作出决定,委员会成员根据集体的决定和分工,履行自己的职责。

(6) 工会各级领导机关,加强对下级组织的领导和服务,经常向下级组织通报情况，听取下级组织和会员的意见，研究和解决他们提出的问题。下级组织应及时向上级组织请示报告工作。

（二）工会组织的设置和组建

1. 产生方式

工会各级代表大会的代表和委员会的产生，要充分体现选举人的意志。候选人名单，要反复酝酿，充分讨论。选举采用无记名投票方式，可以直接采用候选人数多于应选人数的差额选举办法进行正式选举，也可以先采用差额选举办法进行预选，产生候选人名单，然后进行正式选举。任何组织和个人，不得以任何方式强迫选举人选举或不选举某个人。

2. 组织领导原则

中国工会实行产业和地方相结合的组织领导原则。同一企业、事业单位、机关、社会组织中的会员，组织在一个基层工会组织中；同一行业或者性质相近的几个行业，根据需要建立全国的或者地方的产业工会组织。除少数行政管理体制实行垂直管理的产业，其产业工会实行产业工会和地方工会双重领导，以产业工会领导为主外，其他产业工会均实行以地方工会领导为主，同时接受上级产业工会领导的体制。各产业工会的领导体制，由中华全国总工会确定。

省、自治区、直辖市，设区的市和自治州，县（旗）、自治县、不设区的市建立地方总工会。地方总工会是当地地方工会组织和产业工会地方组织的领导机关。全国建立统一的中华全国总工会。中华全国总工会是各级地方总工会和各产业工会全国组织的领导机关。

中华全国总工会执行委员会委员和产业工会全国委员会委员实行替补制，各级地方总工会委员会委员和地方产业工会委员会委员，也可以实行替补制。

3. 工会委员会

县和县以上各级地方总工会委员会，根据工作需要可以派出代表机关。

县和县以上各级工会委员会，在两次代表大会之间，认为有必要时，可以召集代表会议，讨论和决定需要及时解决的重大问题。代表会议代表的名额和产生办法，由召集代表会议的总工会决定。

全国产业工会、各级地方产业工会、乡镇工会、城市街道工会和区域性、行业性工会联合会的委员会，可以按照联合制、代表制原则，由下一级工会组织民主选举的主要负责人和适当比例的有关方面代表组成。

上级工会可以派员帮助和指导用人单位的职工组建工会。

4. 经费审查委员会

各级工会代表大会选举产生同级经费审查委员会。中华全国总工会经费审查委员会设常务委员会，省、自治区、直辖市总工会经费审查委员会和独立管理经费的全国产业工会经费审查委员会，应当设常务委员会。经费审查委员会负责审查同级工会组织及其直属企业、事业单位的经费收支和资产管理情况，监督财经法纪的贯彻执行和工会经费的使用，并接受上级工会经费审查委员会的指导和监督。工会经费审查委员会向同级会员大会或会员代表大会负责并报告工作；在大会闭会期间，向同级工会委员会负责并报告工作。

上级经费审查委员会应当对下一级工会及其直属企业、事业单位的经费收支和资产管理情况进行审查。

中华全国总工会经费审查委员会委员实行替补制，各级地方总工会经费审查委员会委员和独立管理经费的产业工会经费审查委员会委员，也可以实行替补制。

5. 女职工委员会

各级工会建立女职工委员会，表达和维护女职工的合法权益。女职工委员会由同级工会委员会提名，在充分协商的基础上组成或者选举产生，女职工委员会与工会委员会同时建立，在同级工会委员会领导下开展工作。企业工会女职工委员会是县或者县以上妇联的团体会员，通过县以上地方工会接受妇联的业务指导。

6. 法律服务机构

县和县以上各级工会组织应当建立法律服务机构，为保护职工和工会组织的合法权益提供服务。

各级工会组织应当组织和代表职工开展劳动法律监督。

7. 成立或者撤销工会组织

成立或者撤销工会组织，必须经会员大会或者会员代表大会通过，并报上一级工会批准。基层工会组织所在的企业终止，或者所在的事业单位、机关、社会组织被撤销，该工会组织相应撤销，并报上级工会备案。其他组织和个人不得随意撤销工会组织，也不得把工会组织的机构撤销、合并或者归属其他工作部门。

第二节 工会全国组织

（一）中国工会全国代表大会

1. 举行方式

中国工会全国代表大会，每五年举行一次，由中华全国总工会执行委员会召集。在特殊情况下，由中华全国总工会执行委员会主席团提议，经执行委员会全体会议通过，可以提前或者延期举行。代表名额和代表选举办法由中华全国总工会决定。

2. 职权

中国工会全国代表大会的职权是：

（1）审议和批准中华全国总工会执行委员会的工作报告。

（2）审议和批准中华全国总工会执行委员会的经费收支情况报告和经费审查委员会的工作报告。

（3）修改中国工会章程。

（4）选举中华全国总工会执行委员会和经费审查委员会。

（二）中华全国总工会执行委员会

中华全国总工会执行委员会，在全国代表大会闭会期间，负责贯彻执行全国代表大会的决议，领导全国工会工作。

1. 组成人员

执行委员会全体会议选举主席一人、副主席若干人、主席团委员若干人，组成主席团。

2. 举行方式

执行委员会全体会议由主席团召集，每年至少举行一次。

3. 闭会期间职权的行使

中华全国总工会执行委员会全体会议闭会期间，由主席团行使执行委员会的职权。主席团全体会议，由主席召集。

主席团闭会期间，由主席、副主席组成的主席会议行使主席团职权。主席会议由中华全国总工会主席召集并主持。

主席团下设书记处，由主席团在主席团成员中推选第一书记一人、书记若干人组成。书记处在主席团领导下，主持中华全国总工会的日常工作。

(三) 产业工会全国组织

产业工会全国组织的设置，由中华全国总工会根据需要确定。

1. 产业工会全国委员会

产业工会全国委员会的建立，经中华全国总工会批准，可以按照联合制、代表制原则组成，也可以由产业工会全国代表大会选举产生。全国委员会每届任期五年。任期届满，应当如期召开会议，进行换届选举。在特殊情况下，经中华全国总工会批准，可以提前或者延期举行。

2. 职权

产业工会全国代表大会和按照联合制、代表制原则组成的产业工会全国委员会全体会议的职权是：审议和批准产业工会全国委员会的工作报告；选举产业工会全国委员会或者产业工会全国委员会常务委员会。独立管理经费的产业工会，选举经费审查委员会，并向产业工会全国代表大会或者委员会全体会议报告工作。产业工会全国委员会常务委员会由主席一人、副主席若干人、常务委员若干人组成。

第三节　工会地方组织

(一) 工会的地方各级代表大会

1. 举行方式

省、自治区、直辖市，设区的市和自治州，县（旗）、自治县、不设区的市的工会代表大会，由同级总工会委员会召集，每五年举行一次。在特殊情况下，由同级总工会委员会提议，经上一级工会批准，可以提前或者延期举行。

2. 职权

工会的地方各级代表大会的职权是：

（1）审议和批准同级总工会委员会的工作报告。

（2）审议和批准同级总工会委员会的经费收支情况报告和经费审查委员会的工作报告。

（3）选举同级总工会委员会和经费审查委员会。

各级地方总工会委员会，在代表大会闭会期间，执行上级工会的决定和同级工会代表大会的决议，领导本地区的工会工作，定期向上级总工会委员会报告工作。

根据工作需要，省、自治区总工会可在地区设派出代表机关。直辖市和设区的市总工会在区一级建立总工会。

县和城市的区可在乡镇和街道建立乡镇工会和街道工会组织，具备条件的，建立总工会。

（二）各级地方总工会委员会

1. 组成人员

各级地方总工会委员会选举主席一人、副主席若干人、常务委员若干人，组成常务委员会。工会委员会、常务委员会和主席、副主席以及经费审查委员会的选举结果，报上一级总工会批准。

2. 举行方式

各级地方总工会委员会全体会议，每年至少举行一次，由常务委员会召集。各级地方总工会常务委员会，在委员会全体会议闭会期间，行使委员会的职权。

第四节　基层工会组织

（一）组织设立

企业、事业单位、机关、社会组织等基层单位，应当依法建立工会组织。社区和行政村可以建立工会组织。从实际出发，建立区域性、行业性工会联合会，推进新经济组织、新社会组织工会组织建设。

有会员二十五人以上的，应当成立基层工会委员会；不足二十五人的，可以单独建立基层工会委员会，也可以由两个以上单位的会员联合建立基层工会委员会，也可以选举组织员或者工会主席一人，主持基层工会工作。基层工会委员会有女会员十人以上的建立女职工委员会，不足十人的设女职工委员。

职工二百人以上企业、事业单位、社会组织的工会设专职工会主席。工会专职工作人员的人数由工会与企业、事业单位、社会组织协商确定。

基层工会组织具备民法典规定的法人条件的，依法取得社会团体法人资格，工会主席为法定代表人。

（二）职权

基层工会会员大会或者会员代表大会，每年至少召开一次。经基层工会委员会或者三分之一以上的工会会员提议，可以临时召开会员大会或者会员代表大会。工会会员在一百人以下的基层工会应当召开会员大会。

工会会员大会或者会员代表大会的职权是：

(1) 审议和批准基层工会委员会的工作报告。

(2) 审议和批准基层工会委员会的经费收支情况报告和经费审查委员会的工作报告。

(3) 选举基层工会委员会和经费审查委员会。

(4) 撤换或者罢免其所选举的代表或者工会委员会组成人员。

(5) 讨论决定工会工作的重大问题。

(三) 任期

基层工会委员会和经费审查委员会每届任期三年或者五年，具体任期由会员大会或者会员代表大会决定。任期届满，应当如期召开会议，进行换届选举。在特殊情况下，经上一级工会批准，可以提前或者延期举行。

会员代表大会的代表实行常任制，任期与本单位工会委员会相同。

(四) 成员产生

基层工会委员会的委员，应当在会员或者会员代表充分酝酿协商的基础上选举产生；主席、副主席，可以由会员大会或者会员代表大会直接选举产生，也可以由基层工会委员会选举产生。大型企业、事业单位的工会委员会，根据工作需要，经上级工会委员会批准，可以设立常务委员会。基层工会委员会、常务委员会和主席、副主席以及经费审查委员会的选举结果，报上一级工会批准。

(五) 基层工会委员会的基本任务

基层工会委员会的基本任务是：

(1) 执行会员大会或者会员代表大会的决议和上级工会的决定，主持基层工会的日常工作。

（2）代表和组织职工依照法律规定，通过职工代表大会、厂务公开和其他形式，参与本单位民主选举、民主协商、民主决策、民主管理和民主监督，保障职工知情权、参与权、表达权和监督权，在公司制企业落实职工董事、职工监事制度。企业、事业单位工会委员会是职工代表大会工作机构，负责职工代表大会的日常工作，检查、督促职工代表大会决议的执行。

（3）参与协调劳动关系和调解劳动争议，与企业、事业单位、社会组织行政方面建立协商制度，协商解决涉及职工切身利益问题。帮助和指导职工与企业、事业单位、社会组织行政方面签订和履行劳动合同，代表职工与企业、事业单位、社会组织行政方面签订集体合同或者其他专项协议，并监督执行。

（4）组织职工开展劳动和技能竞赛、合理化建议、技能培训、技术革新和技术协作等活动，培育工匠、高技能人才，总结推广先进经验。做好劳动模范和先进生产（工作）者的评选、表彰、培养和管理服务工作。

（5）加强对职工的政治引领和思想教育，开展法治宣传教育，重视人文关怀和心理疏导，鼓励支持职工学习文化科学技术和管理知识，开展健康的文化体育活动。推进企业文化职工文化建设，办好工会文化、教育、体育事业。

（6）监督有关法律、法规的贯彻执行。协助和督促行政方面做好工资、安全生产、职业病防治和社会保险等方面的工作，推动落实职工福利待遇。办好职工集体福利事业，改善职工生活，对困难职工开展帮扶。依法参与生产安全事故和职业病危害事故的调查处理。

（7）维护女职工的特殊权益，同歧视、虐待、摧残、迫害女职工的现象作斗争。

（8）搞好工会组织建设，健全民主制度和民主生活。建立和发展工会积极分子队伍。做好会员的发展、接收、教育和会籍管理工作。加强职工之家建设。

(9) 收好、管好、用好工会经费,管理好工会资产和工会的企业、事业。

(六) 事业单位和机关工会工作职责

教育、科研、文化、卫生、体育等事业单位和机关工会,从脑力劳动者比较集中的特点出发开展工作,积极了解和关心职工的思想、工作和生活,推动党的知识分子政策的贯彻落实。组织职工搞好本单位的民主选举、民主协商、民主决策、民主管理和民主监督,为发挥职工的聪明才智创造良好的条件。

第五节 基层工会组织选举工作

基层工会委员会由会员大会或会员代表大会选举产生。工会委员会的主席、副主席,可以由会员大会或会员代表大会直接选举产生,也可以由工会委员会选举产生。

选举工作在同级党组织和上一级工会领导下进行。未建立党组织的在上一级工会领导下进行。

基层工会委员会换届选举的筹备工作由上届工会委员会负责。

新建立的基层工会组织选举筹备工作由工会筹备组负责。筹备组成员由同级党组织代表和职工代表组成,根据工作需要,上级工会可以派人参加。

(一) 委员和常务委员名额

基层工会委员会委员名额,按会员人数确定:

不足25人,设委员3至5人,也可以设主席或组织员1人;

25人至200人，设委员3至7人；
201人至1000人，设委员7至15人；
1001人至5000人，设委员15至21人；
5001人至10000人，设委员21至29人；
10001人至50000人，设委员29至37人；
50001人以上，设委员37至45人。

大型企事业单位基层工会委员会，经上一级工会批准，可以设常务委员会，常务委员会由9至11人组成。

（二）候选人的提出

1. 候选人条件

基层工会委员会的委员、常务委员会委员和主席、副主席的选举均应设候选人。候选人应信念坚定、为民服务、勤政务实、敢于担当、清正廉洁，热爱工会工作，受到职工信赖。

基层工会委员会委员候选人中应有适当比例的劳模（先进工作者）、一线职工和女职工代表。

单位行政主要负责人、法定代表人、合伙人以及他们的近亲属不得作为本单位工会委员会委员、常务委员会委员和主席、副主席候选人。

基层工会委员会的主席、副主席，在任职一年内应按规定参加岗位任职资格培训。凡无正当理由未按规定参加岗位任职资格培训的，一般不再提名为下届主席、副主席候选人。

2. 候选人建议名单提出程序

基层工会委员会的委员候选人，应经会员充分酝酿讨论，一般以工会分会或工会小组为单位推荐。由上届工会委员会或工会筹备组根据多数工会分会或工会小组的意见，提出候选人建议名单，报经同级党组织和上一级工会审查同意后，提交会员大会或会员代表大会表决通过。

基层工会委员会的常务委员会委员、主席、副主席候选人，可以由上届工会委员会或工会筹备组根据多数工会分会或工会小组的意见提出建议名单，报经同级党组织和上一级工会审查同意后提出；也可以由同级党组织与上一级工会协商提出建议名单，经工会分会或工会小组酝酿讨论后，由上届工会委员会或工会筹备组根据多数工会分会或工会小组的意见，报经同级党组织和上一级工会审查同意后提出。

根据工作需要，经上一级工会与基层工会和同级党组织协商同意，上一级工会可以向基层工会推荐本单位以外人员作为工会主席、副主席候选人。

(三) 选举的实施

1. 制定选举工作方案和选举办法

基层工会组织实施选举前应向同级党组织和上一级工会报告，制定选举工作方案和选举办法。

基层工会委员会委员候选人建议名单应进行公示，公示期不少于5个工作日。

2. 召开会员大会或会员代表大会

会员不足100人的基层工会组织，应召开会员大会进行选举；会员100人以上的基层工会组织，应召开会员大会或会员代表大会进行选举。

召开会员代表大会进行选举的，按照有关规定由会员民主选举产生会员代表。

3. 召开会议条件

参加选举的人数为应到会人数的三分之二以上时，方可进行选举。

4. 选举办法

基层工会委员会委员和常务委员会委员应差额选举产生，可以直接采用候选人数多于应选人数的差额选举办法进行正式选举，也可以先采用差额选举办法进行预选产生候选人名单，然后进行正式选举。委员会委员和常务委员会委员的差额率分别不低于5%和10%。常务委员会委员应从新当选的工会委员会委员中产生。

基层工会主席、副主席可以等额选举产生，也可以差额选举产生。主席、副主席应从新当选的工会委员会委员中产生，设立常务委员会的应从新当选的常务委员会委员中产生。

5. 采取直接选举方式的条件

基层工会主席、副主席由会员大会或会员代表大会直接选举产生的，一般在经营管理正常、劳动关系和谐、职工队伍稳定的中小企事业单位进行。

6. 会议主持

召开会员大会进行选举时，由上届工会委员会或工会筹备组主持；不设委员会的基层工会组织进行选举时，由上届工会主席或组织员主持。

召开会员代表大会进行选举时，可以由大会主席团主持，也可以由上届工会委员会或工会筹备组主持。大会主席团成员由上届工会委员会或工会筹备组根据各代表团（组）的意见，提出建议名单，提交代表大会预备会议表决通过。

召开基层工会委员会第一次全体会议选举常务委员会委员、主席、副主席时，由上届工会委员会或工会筹备组或大会主席团推荐一名新当选的工会委员会委员主持。

7. 候选人介绍

选举前，上届工会委员会或工会筹备组或大会主席团应将候选人的名单、简历及有关情况向选举人介绍。

8. 监票人的设置

选举设监票人,负责对选举全过程进行监督。

召开会员大会或会员代表大会选举时,监票人由全体会员或会员代表、各代表团(组)从不是候选人的会员或会员代表中推选,经会员大会或会员代表大会表决通过。

召开工会委员会第一次全体会议选举时,监票人从不是常务委员会委员、主席、副主席候选人的委员中推选,经全体委员会议表决通过。

9. 投票方式

选举采用无记名投票方式。不能出席会议的选举人,不得委托他人代为投票。选票上候选人的名单按姓氏笔画为序排列。

选举人可以投赞成票或不赞成票,也可以投弃权票。投不赞成票者可以另选他人。

会员或会员代表在选举期间,如不能离开生产、工作岗位,在监票人的监督下,可以在选举单位设立的流动票箱投票。

10. 确认选举是否有效

投票结束后,在监票人的监督下,当场清点选票,进行计票。

选举收回的选票,等于或少于发出选票的,选举有效;多于发出选票的,选举无效,应重新选举。

每张选票所选人数等于或少于规定应选人数的为有效票,多于规定应选人数的为无效票。

11. 当选条件

被选举人获得应到会人数的过半数赞成票时,始得当选。

获得过半数赞成票的被选举人人数超过应选名额时,得赞成票多的当选。如遇赞成票数相等不能确定当选人时,应就票数相等的被选举人再次投票，得赞成票多的当选。

当选人数少于应选名额时，对不足的名额可以另行选举。如果接近应选名额且符合第八条规定，也可以由大会征得多数会员或会员代表的同意减少名额，不再进行选举。

12. 选举结果宣布和报批

大会主持人应当场宣布选举结果及选举是否有效。

基层工会委员会、常务委员会和主席、副主席的选举结果，报上一级工会批准。上一级工会自接到报告 15 日内应予批复。违反规定程序选举的，上一级工会不得批准，应重新选举。

13. 任期计算

基层工会委员会的任期自选举之日起计算。

（四）任期、调动、罢免和补选

1. 任期

基层工会委员会每届任期三年或五年，具体任期由会员大会或会员代表大会决定。经选举产生的工会委员会委员、常务委员会委员和主席、副主席可连选连任。基层工会委员会任期届满，应按期换届选举。遇有特殊情况，经上一级工会批准，可以提前或延期换届，延期时间一般不超过半年。

上一级工会负责督促指导基层工会组织按期换届。

2. 调动

基层工会主席、副主席任期未满时，不得随意调动其工作。因工作需要调动时，应征得本级工会委员会和上一级工会的同意。

3. 罢免

经会员大会或会员代表大会民主测评和上级工会与同级党组织考察，需撤换或罢免工会委员会委员、常务委员会委员和主席、副主席时，须依法召开会员大会或会员代表大会讨论，非经会员大会全体会员或会员代表大会全体代表无记名投票过半数通过，不得撤换或罢免。

4. 补选

基层工会主席因工作调动或其他原因空缺时，应及时按照相应民主程序进行补选。

补选主席，如候选人是委员的，可以由工会委员会选举产生，也可以由会员大会或会员代表大会选举产生；如候选人不是委员的，可以经会员大会或会员代表大会补选为委员后，由工会委员会选举产生，也可以由会员大会或会员代表大会选举产生。

补选主席的任期为本届工会委员会尚未履行的期限。

补选主席前征得同级党组织和上一级工会的同意，可暂由一名副主席或委员主持工作，期限一般不超过半年。

第六节　基层工会会员代表大会制度

（一）综合

会员不足 100 人的基层工会组织，应召开会员大会；会员 100 人以上的基层工会组织，应召开会员大会或会员代表大会。

会员代表大会是基层工会的最高领导机构，讨论决定基层工会重大事项，选举基层工会领导机构，并对其进行监督。

会员代表大会实行届期制，每届任期三年或五年，具体任期由会员代表大会决定。会员代表大会任期届满，应按期换届。遇有特殊情况，经上一级工会批准，可以提前或延期换届，延期时间一般不超过半年。

会员代表大会每年至少召开一次，经基层工会委员会、三分之一以上的会员或三分之一以上的会员代表提议，可以临时召开会员代表大会。

会员代表大会应坚持党的领导，坚持民主集中制，坚持依法规范，坚持公开公正，切实保障会员的知情权、参与权、选举权、监督权。

基层工会召开会员代表大会应向同级党组织和上一级工会报告。换届选举、补选、罢免基层工会委员会组成人员的，应向同级党组织和上一级工会书面报告。

上一级工会对下一级工会召开会员代表大会进行指导和监督。

(二) 会员代表大会的组成和职权

1. 会员代表的组成

会员代表的组成应以一线职工为主，体现广泛性和代表性。中层正职以上管理人员和领导人员一般不得超过会员代表总数的20%。女职工、青年职工、劳动模范（先进工作者）等会员代表应占一定比例。

2. 会员代表名额

会员代表名额，按会员人数确定：

会员 100 至 200 人的，设代表 30 至 40 人；

会员 201 至 1000 人的，设代表 40 至 60 人；

会员 1001 至 5000 人的，设代表 60 至 90 人；

会员 5001 至 10000 人的，设代表 90 至 130 人；

会员 10001 至 50000 人的，设代表 130 至 180 人；

会员 50001 人以上的，设代表 180 至 240 人。

3. 筹备工作

会员代表的选举和会议筹备工作由基层工会委员会负责，新成立基层工会的由工会筹备组负责。

会员代表大会根据需要，可以设立专门工作委员会（小组），负责办理会员代表大会交办的具体事项。

4. 会员代表大会的职权

会员代表大会的职权是：

（1）审议和批准基层工会委员会的工作报告。

（2）审议和批准基层工会委员会经费收支预算决算情况报告、经费审查委员会工作报告。

（3）开展会员评家，评议基层工会开展工作、建设职工之家情况，评议基层工会主席、副主席履行职责情况。

（4）选举和补选基层工会委员会和经费审查委员会组成人员。

（5）选举和补选出席上一级工会代表大会的代表。

（6）罢免其所选举的代表、基层工会委员会组成人员。

（7）讨论决定基层工会其他重大事项。

（三）会员代表

1. 会员代表应具备的条件

会员代表应具备以下条件：

（1）工会会员，遵守工会章程，按期缴纳会费。

（2）拥护党的领导，有较强的政治觉悟。

（3）在生产、工作中起骨干作用，有议事能力。

（4）热爱工会工作，密切联系职工群众，热心为职工群众说话办事。

（5）在职工群众中有一定的威信，受到职工群众信赖。

2. 会员代表的产生

会员代表应由会员民主选举产生，不得指定会员代表。劳务派遣工会员民主权利的行使，如用人单位工会与用工单位工会有约定的，依照约定执行；如没有约定或约定不明确的，在劳务派遣工会员会籍所在工会行使。

会员代表的选举，一般以下一级工会或工会小组为选举单位进行，两个以上会员人数较少的下一级工会或工会小组可作为一个选举单位。

会员代表由选举单位会员大会选举产生。规模较大、管理层级较多的单位，会员代表可由下一级会员代表大会选举产生。

选举单位按照基层工会确定的代表候选人名额和条件，组织会员讨论提出会员代表候选人，召开有三分之二以上会员或会员代表参加的大会，采取无记名投票方式差额选举产生会员代表，差额率不低于15%。

3. 当选条件

会员代表候选人，获得选举单位全体会员过半数赞成票时，方能当选；由下一级会员代表大会选举时，其代表候选人获得应到会代表人数过半数赞成票时，方能当选。

4. 资格审核

会员代表选出后，应由基层工会委员会或工会筹备组，对会员代表人数及人员结构进行审核，并对会员代表进行资格审查。

符合条件的会员代表人数少于原定代表人数的，可以把剩余的名额再分配，进行补选，也可以在符合规定人数情况下减少代表名额。

5. 会员代表任期

会员代表实行常任制，任期与会员代表大会届期一致，会员代表可以连选连任。

6. 会员代表的职责

会员代表的职责是：

（1）带头执行党的路线、方针、政策，自觉遵守国家法律法规和本单位的规章制度，努力完成生产、工作任务。

（2）在广泛听取会员意见和建议的基础上，向会员代表大会提出提案。

（3）参加会员代表大会，听取基层工会委员会和经费审查委员会的工作报告，讨论和审议代表大会的各项议题，提出审议意见和建议。

（4）对基层工会委员会及代表大会各专门委员会（小组）的工作进行评议，提出批评、建议；对基层工会主席、副主席进行民主评议和民主测评，提出奖惩和任免建议。

（5）保持与选举单位会员群众的密切联系，热心为会员说话办事，积极为做好工会各项工作献计献策。

（6）积极宣传贯彻会员代表大会的决议精神，对工会委员会落实会员代表大会决议情况进行监督检查，团结和带动会员群众完成会员代表大会提出的各项任务。

7. 代表团（组）工作

选举单位可单独或联合组成代表团（组），推选团（组）长。团（组）长根据会员代表大会议程，组织会员代表参加大会各项活动；在会员代表大会闭会期间，按照基层工会的安排，组织会员代表开展日常工作。

基层工会讨论决定重要事项，可事先召开代表团（组）长会议征求意见，也可根据需要，邀请代表团（组）长列席会议。

8. 发挥会员代表作用

基层工会应建立会员代表调研、督查等工作制度，充分发挥会员代表作用。

会员代表在法定工作时间内依法参加会员代表大会及工会组织的各项活动，单位应当正常支付劳动报酬，不得降低其工资和其他福利待遇。

9. 会员代表身份自然终止的情形

有下列情形之一的，会员代表身份自然终止：

（1）在任期内工作岗位跨选举单位变动的。

（2）与用人单位解除、终止劳动（工作）关系的。

（3）停薪留职、长期病事假、内退、外派超过一年，不能履行会员代表职责的。

10. 可以罢免会员代表的情形

会员代表对选举单位会员负责，接受选举单位会员的监督。

会员代表有下列情形之一的，可以罢免：

（1）不履行会员代表职责的。

（2）严重违反劳动纪律或单位规章制度，对单位利益造成严重损害的。

（3）被依法追究刑事责任的。

（4）其他需要罢免的情形。

11. 罢免会员代表的程序

选举单位工会或三分之一以上会员或会员代表有权提出罢免会员代表。会员或会员代表联名提出罢免的，选举单位工会应及时召开会员代表大会进行表决。

罢免会员代表，应经过选举单位全体会员过半数通过；由会员代表大会选举产生的代表，应经过会员代表大会应到会代表的过半数通过。

12. 会员代表补选

会员代表出现缺额，原选举单位应及时补选。缺额超过会员代表总数四分之一时，应在三个月内进行补选。补选会员代表应依照选举会员代表的程序，进行差额选举，差额率应按照《基层工会会员代表大会条例》第十六条规定执行。补选的会员代表应报基层工会委员会进行资格审查。

(四) 会员代表大会的召开

1. 书面报告大会重要事项

每届会员代表大会第一次会议召开前，应将会员代表大会的组织机构、会员代表的构成、会员代表大会主要议程等重要事项，向同级党组织和上一级工会书面报告。上一级工会接到报告后应于15日内批复。

2. 对会员代表进行专门培训

每届会员代表大会第一次会议召开前，基层工会委员会或工会筹备组应对会员代表进行专门培训，培训内容应包括工会基本知识、会员代表大会的性质和职能、会员代表的权利和义务、大会选举办法等。

3. 代表充分听取会员意见建议和提出提案

会员代表大会召开前，会员代表应充分听取会员意见建议，积极提出与会员切身利益和工会工作密切相关的提案，经基层工会委员会或工会筹备组审查后，决定是否列入大会议程。

4. 大会事项通知

召开会员代表大会，应提前5个工作日将会议日期、议程和提交会议讨论的事项通知会员代表。

5. 举行预备会议

每届会员代表大会第一次会议召开前，可举行预备会议，听取会议筹备情况的报告，审议通过关于会员代表资格审查情况的报告，讨论通过选举办法，通过大会议程和其他有关事项。

6. 列席会议人员

召开会员代表大会时，未当选会员代表的经费审查委员会委员、女职工委员会委员应列席会议，也可以邀请有关方面的负责人或代表列席会议。

可以邀请获得荣誉称号的人员、曾经作出突出贡献的人员作为特邀代表参加会议。

列席人员和特邀代表仅限本次会议，可以参加分组讨论，不承担具体工作，不享有选举权、表决权。

7. 民主评议和测评

会员代表大会应每年对基层工会开展工作、建设职工之家和工会主席、副主席履行职责等情况进行民主评议，在民主评议的基础上，以无记名投票方式进行测评，测评分为满意、基本满意、不满意三个等次。测评结果应及时公开，并书面报告同级党组织和上一级工会。

基层工会主席、副主席测评办法应由会员代表大会表决通过，并报上一级工会备案。

8. 罢免工会主席、副主席的情形和程序

基层工会主席、副主席，具有下列情形之一的，可以罢免：

（1）连续两年测评等次为不满意的。

（2）任职期间个人有严重过失的。

（3）被依法追究刑事责任的。

（4）其他需要罢免的情形。

基层工会委员会委员具有上述二、三、四项情形的，可以罢免。

本届工会委员会、三分之一以上的会员或会员代表可以提议罢免主席、副主席和委员。

罢免主席、副主席和委员的，应经同级党组织和上一级工会进行考察，未建立党组织的，由上一级工会考察。经考察，如确认其不能再担任现任职务时，应依法召开会员代表大会进行无记名投票表决，应参会人员过半数通过的，罢免有效，并报上一级工会批准。

9. 基层工会召开会员代表大会的其他方式

规模较大、人数众多、工作地点分散、工作时间不一致，会员代表难以集中的基层工会，可以通过电视电话会议、网络视频会议等方式召开会员代表大会。不涉及无记名投票的事项，可以通过网络进行表决，如进行无记名投票的，可在分会场设立票箱，在规定时间内统一投票、统一计票。

10. 会员代表大会与职工代表大会不得互相代替

会员代表大会与职工代表大会应分别召开，不得互相代替。如在同一时间段召开的，应分别设置会标、分别设定会议议程、分别行使职权、分别作出决议、分别建立档案。

会员代表大会通过的决议、重要事项和选举结果等应当形成书面文件，并及时向会员公开。

第三章　工会会员和干部队伍建设

第一节　工会会员队伍建设

(一) 申请加入工会的条件

凡在中国境内的企业、事业单位、机关、社会组织中，以工资收入为主要生活来源或者与用人单位建立劳动关系的劳动者，不分民族、种族、性别、职业、宗教信仰、教育程度，承认《中国工会章程》，都可以加入工会为会员。

工会适应企业组织形式、职工队伍结构、劳动关系、就业形态等方面的发展变化，依法维护劳动者参加和组织工会的权利。

(二) 工会会员会籍管理

1. 会籍取得与管理

（1）职工。职工加入工会，由其本人通过口头或书面形式及通过互联网等渠道提出申请，填写《中华全国总工会入会申请书》和《工会会员登记表》，经基层工会审核批准，即为中华全国总工会会员，发给《中华全国总工会会员证》（以下简称会员证），享有会员权利，履行会员义务。工会会员卡（以下简称会员卡）也可以作为会员身份凭证。

尚未建立工会的用人单位职工，按照属地和行业就近原则，可以向上级工会提出入会申请，在上级工会的帮助指导下加入工会。用人单位建立工会后，应及时办理会员会籍接转手续。

（2）农民工。农民工输出地工会开展入会宣传，启发农民工入会意识；输入地工会按照属地管理原则，广泛吸收农民工加入工会。农民工会员变更用人单位时，应及时办理会员会籍接转手续，不需重复入会。

（3）劳务派遣工。劳务派遣工可以在劳务派遣单位加入工会，也可以在用工单位加入工会。劳务派遣单位没有建立工会的，劳务派遣工在用工单位加入工会。

在劳务派遣工会员接受派遣期间，劳务派遣单位工会可以与用工单位工会签订委托管理协议，明确双方对会员组织活动、权益维护等方面的责任与义务。

加入劳务派遣单位工会（含委托用工单位管理）的会员，其会籍由劳务派遣单位工会管理。加入用工单位工会的会员会籍由用工单位工会管理。

基层工会可以通过举行入会仪式、集体发放会员证或会员卡等形式，增强会员意识。

（4）会籍接转。基层工会应建立会员档案，实行会员实名制，动态管理会员信息，保障会员信息安全。

会员劳动（工作）关系发生变化后，由调出单位工会填写会员证"工会组织关系接转"栏目中有关内容。会员的《工会会员登记表》随个人档案一并移交。会员以会员证或会员卡等证明其工会会员身份，新的用人单位工会应予以接转登记。

已经与用人单位解除劳动（工作）关系并实现再就业的会员，其会员会籍应转入新的用人单位工会。如新的用人单位尚未建立工会，其会员会籍原则上应暂时保留在会员居住地工会组织，待所在单位建立工会后，再办理会员会籍接转手续。

临时借调到外单位工作的会员，其会籍一般不作变动。如借调时间六个月以上，借调单位已建立工会的，可以将会员关系转到借调单位工会管理。借调期满后，会员关系转回所在单位。会员离开工作岗位进行脱产学习的，如与单位仍有劳动（工作）关系，其会员会籍不作变动。

联合基层工会的会员会籍接转工作，由联合基层工会负责。区域（行业）工会联合会的会员会籍接转工作，由会员所在基层工会负责。

（5）会员统计。各级工会分级负责本单位本地区的会员统计工作。农民工会员由输入地工会统计。劳务派遣工会员由劳务派遣单位工会统计，加入用工单位工会的由用工单位工会统计。保留会籍的人员不列入会员统计范围。

2. 会籍保留与取消

（1）会籍保留。会员退休（含提前退休）后，在原单位工会办理保留会籍手续。退休后再返聘参加工作的会员，保留会籍不作变动。

内部退养的会员，其会籍暂不作变动，待其按国家有关规定正式办理退休手续后，办理保留会籍手续。

会员失业的，由原用人单位办理保留会籍手续。原用人单位关闭或破产的，可将其会籍转至其居住地的乡镇（街道）或村（社区）工会。重新就业后，由其本人及时与新用人单位接转会员会籍。

已经加入工会的职工，在其服兵役期间保留会籍。服兵役期满，复员或转业到用人单位并建立劳动关系的，应及时办理会员会籍接转手续。

会员在保留会籍期间免交会费，不再享有选举权、被选举权和表决权。

（2）会籍取消。会员有退会自由。对于要求退会的会员，工会组织应做好思想工作。对经过做思想工作仍要求退会的，由会员所在的基层工会讨论后，宣布其退会并收回其会员证或会员卡。会员没有正当理由连续六个月不交纳会费、不参加工会组织生活，经教育拒不改正，应视为自动退会。

对严重违法犯罪并受到刑事处分的会员，开除会籍。开除会员会籍，须经会员所在工会小组讨论提出意见，由基层工会委员会决定，并报上一级工会备案，同时收回其会员证或会员卡。

（三）工会会员享有的权利

会员享有以下权利：

（1）选举权、被选举权和表决权。

（2）对工会工作进行监督，提出意见和建议，要求撤换或者罢免不称职的工会工作人员。

（3）对国家和社会生活问题及本单位工作提出批评与建议，要求工会组织向有关方面如实反映。

（4）在合法权益受到侵犯时，要求工会给予保护。

（5）工会提供的文化、教育、体育、旅游、疗休养、互助保障、生活救助、法律服务、就业服务等优惠待遇；工会给予的各种奖励。

（6）在工会会议和工会媒体上，参加关于工会工作和职工关心问题的讨论。

（四）工会会员履行的义务

会员履行下列义务：

（1）认真学习贯彻习近平新时代中国特色社会主义思想，学习政治、经济、文化、法律、科技和工会基本知识等。

（2）积极参加民主管理，努力完成生产和工作任务，立足本职岗位建功立业。

（3）遵守宪法和法律，践行社会主义核心价值观，弘扬中华民族传统美德，恪守社会公德、职业道德、家庭美德、个人品德，遵守劳动纪律。

（4）正确处理国家、集体、个人三者利益关系，向危害国家、社会利益的行为作斗争。

（5）维护中国工人阶级和工会组织的团结统一，发扬阶级友爱，搞好互助互济。

（6）遵守工会章程，执行工会决议，参加工会活动，按月交纳会费。

（五）工会会员组织关系变动

会员组织关系随劳动（工作）关系变动，凭会员证明接转。

（六）工会会员退会或开除

会员有退会自由。会员退会由本人向工会小组提出，由基层工会委员会宣布其退会并收回会员证。会员没有正当理由连续六个月不交纳会费、不参加工会组织生活，经教育拒不改正，应当视为自动退会。

对不执行工会决议、违反工会章程的会员，给予批评教育。对严重违法犯罪并受到刑事处罚的会员，开除会籍。开除会员会籍，须经工会小组讨论，提出意见，由基层工会委员会决定，报上一级工会备案。

（七）会费

会员离休、退休和失业，可保留会籍。保留会籍期间免交会费。

工会组织要关心离休、退休和失业会员的生活,积极向有关方面反映他们的愿望和要求。

第二节 工会干部队伍建设

(一) 工会干部应具备的条件

各级工会组织按照革命化、年轻化、知识化、专业化的要求,落实新时代好干部标准,努力建设一支坚持党的基本路线,熟悉本职业务,热爱工会工作,受到职工信赖的干部队伍。

工会干部要努力做到:

(1) 认真学习马克思列宁主义、毛泽东思想、邓小平理论、"三个代表"重要思想、科学发展观、习近平新时代中国特色社会主义思想,学习党的基本知识和党的历史,学习政治、经济、历史、文化、法律、科技和工会业务等知识,提高政治能力、思维能力、实践能力,增强推动高质量发展本领、服务群众本领、防范化解风险本领。

(2) 执行党的基本路线和各项方针政策,遵守国家法律、法规,在改革开放和社会主义现代化建设中勇于开拓创新。

(3) 信念坚定,忠于职守,勤奋工作,敢于担当,廉洁奉公,顾全大局,维护团结。

(4) 坚持实事求是,认真调查研究,如实反映职工的意见、愿望和要求。

(5) 坚持原则,不谋私利,热心为职工说话办事,依法维护职工的合法权益。

(6) 作风民主,联系群众,增强群众意识和群众感情,自觉接受职工群众的批评和监督。

(二) 工会干部的管理

各级工会组织根据有关规定管理工会干部，重视发现培养和选拔优秀年轻干部、女干部、少数民族干部，成为培养干部的重要基地。

基层工会主席、副主席任期未满不得随意调动其工作。因工作需要调动时，应事先征得本级工会委员会和上一级工会同意。

县和县以上工会可以为基层工会选派、聘用社会化工会工作者等工作人员。

(三) 工会组织对工会干部的培训和权益保护

各级工会组织建立与健全干部培训制度。办好工会干部院校和各种培训班。

各级工会组织关心工会干部的思想、学习和生活，督促落实相应的待遇，支持他们的工作，坚决同打击报复工会干部的行为作斗争。

县和县以上工会设立工会干部权益保障金，保障工会干部依法履行职责。

第三节 企业工会主席产生办法

(一) 任职条件

企业工会主席应具备下列条件：
(1) 政治立场坚定，热爱工会工作。
(2) 具有与履行职责相应的文化程度、法律法规和生产经营管理知识。

(3) 作风民主，密切联系群众，热心为会员和职工服务。

(4) 有较强的组织协调能力。

企业行政负责人（含行政副职）、合伙人及其近亲属，人力资源部门负责人，外籍职工不得作为本企业工会主席候选人。

(二) 企业工会主席候选人产生

1. 提出候选人名单

企业工会换届或新建立工会组织，应当成立由上一级工会、企业党组织和会员代表组成的领导小组，负责工会主席候选人提名和选举工作。

企业工会主席候选人应以工会分会或工会小组为单位酝酿推荐，或由全体会员以无记名投票方式推荐，上届工会委员会、上一级工会或工会筹备组根据多数会员的意见，提出候选人名单。

企业工会主席候选人应多于应选人。

上级工会可以向非公有制企业工会、联合基层工会推荐本企业以外人员作为工会主席候选人。

2. 考察和调整

企业党组织和上级工会应对企业工会主席候选人进行考察，对不符合任职条件的予以调整。

3. 公示

企业工会主席候选人应进行公示，公示期为7天。公示按姓氏笔画排序。

4. 审批

企业工会主席候选人应报经企业党组织和上一级工会审批。

（三）民主选举

1. 企业工会主席任职程序

企业工会主席产生均应依法履行民主选举程序，经会员民主选举方能任职。

2. 选举方式

选举企业工会主席应召开会员大会或会员代表大会，采取无记名投票方式进行。因故未出席会议的选举人，不得委托他人代为投票。

企业工会主席可以由会员大会或会员代表大会直接选举产生，也可以由企业工会委员会选举产生；可以与企业工会委员会委员同时进行选举，也可以单独选举。

3. 当选条件

会员大会或会员代表大会选举企业工会主席，参加选举人数为应到会人数三分之二以上时，方可进行选举。

企业工会主席候选人获得赞成票超过应到会有选举权人数半数的始得当选。

4. 选举要求

任何组织和任何个人不得妨碍民主选举工作，不得阻挠有选举权和被选举权的会员到场，不得以私下串联、胁迫他人等非组织行为强迫选举人选举或者不选举某个人，不得以任何方式追查选举人的投票意向。

5. 补选

企业工会主席出现空缺，应在三个月内进行补选。

补选前应征得同级党组织和上一级工会的同意，暂由一名副主席或委员主持工作，一般期限不得超过三个月。

（四）管理与待遇

企业工会主席选举产生后应及时办理工会法人资格登记或工会法人代表变更登记。企业工会主席一般应按企业副职级管理人员条件选配并享受相应待遇。公司制企业工会主席应依法进入董事会。

企业工会主席由同级党组织与上级工会双重领导，以同级党组织领导为主。尚未建立党组织的企业，其工会主席接受上一级工会领导。

职工二百人以上的企业依法配备专职工会主席。由同级党组织负责人担任工会主席的，应配备专职工会副主席。企业应依法保障兼职工会主席的工作时间及相应待遇。

企业工会主席任期未满，企业不得随意调动其工作，不得随意解除其劳动合同。因工作需要调动时，应当征得本级工会委员会和上一级工会同意，依法履行民主程序。工会专职主席自任职之日起，其劳动合同期限自动延长，延长期限相当于其任职期间；非专职主席自任职之日起，其尚未履行的劳动合同期限短于任期的，劳动合同期限自动延长至任期期满。任职期间个人严重过失或者达到法定退休年龄的除外。罢免、撤换企业工会主席须经会员大会全体会员或者会员代表大会全体代表无记名投票过半数通过。

由上级工会推荐并经民主选举产生的企业工会主席，其工资待遇、社会保险费用等，可以由企业支付，也可以由上级工会或上级工会与其他方面合理承担。

第四章　工会劳动保护和权益保障工作

第一节　工会劳动保护监督检查员管理

工会劳动保护监督检查员是指具有较高的政策、业务水平，熟练掌握劳动安全卫生法律法规，经过劳动保护业务培训和考核，经由上级工会任命的从事工会劳动保护工作的人员。

工会劳动保护监督检查员依照国家劳动安全卫生法律法规和中华全国总工会的有关规定行使监督检查权利，通过各种途径和形式，组织开展群众性劳动安全卫生工作，反映职工群众在劳动安全卫生方面的意愿，履行维护职工生命安全和身体健康权益的基本职责。

（一）工会劳动保护监督检查员职责

学习党和国家的劳动安全卫生方针、政策，掌握劳动安全卫生法律、法规和技术标准、规范，钻研业务知识，研究、分析和掌握本地区、行业、企业的劳动安全卫生情况。

了解和掌握本地区或本行业内的企业劳动安全卫生技术措施制定、实施以及经费提取、使用情况。掌握重大安全隐患和严重职业危害情况，跟踪监督检查，督促其整改。特别重大隐患问题，应及时写出专题报告，报送本级政府及有关部门，督促落实。

为企业开展劳动安全卫生工作提供指导和服务。指导企业工会签订劳动安全卫生专项集体合同，并监督落实。

参加生产性建设工程项目职业安全卫生设施"三同时"的监督审查工作，对发现的问题，依照法律法规和标准规范提出改进意见。对于参加审查验收的工程项目，应整理专项材料归档，并对审查验收项目负责。

参加职工伤亡事故和其他严重危害职工健康事件的抢险救援和调查处理工作，对抢险救援、善后处理、调查处理等工作全过程进行监督，向有关部门提出处理意见和建议，并要求追究有关人员的责任。监督企事业单位落实防范和整改措施，整理事故调查材料并归档。遵守伤亡事故调查处理工作纪律，严格执行廉洁自律的规定。

宣传职工在劳动安全卫生方面享有的权利与义务，教育职工遵章守纪，提高劳动者的职业安全卫生意识和自我保护能力。

加强对劳动保护工作相关信息、资料的收集和整理，及时向所在工会组织和任命机关报送。

执行监督检查任务，应主动出示工会劳动保护监督检查员证件。对阻挠监督检查工作的单位和个人，有权要求有关部门严肃处理。

(二) 组织管理

工会劳动保护监督检查员的任职条件和任命程序，按中华全国总工会颁发的《工会劳动保护监督检查员工作条例》执行。

省（区、市）总工会、全国产业工会劳动保护监督检查员由中华全国总工会审批任命。

地（市）总工会、省属产业工会的工会劳动保护监督检查员由省（区、市）总工会审批任命，报中华全国总工会备案。

县（区）总工会、地（市）产业工会的工会劳动保护监督检查员由地（市）总工会审批任命，报省（区、市）总工会备案。

乡镇（街道）工会、县（区）所属产业（系统）工会的工会劳动保护监督检查员，由县（区）总工会审批任命，报地（市）总工会备案。

工会劳动保护监督检查员对所在工会组织和任命机关负责。根据工作需要，任命机关可选调工会劳动保护监督检查员代表上级工会参加安全检查、"三同时"审查验收和职工伤亡事故、职业病危害事件的调查处理等工作，其所在工会组织应给予支持。

工会劳动保护监督检查员参加职工伤亡事故、职业病危害事件的抢险救援时，所代表的工会组织应为其配备必要的通讯、音像设备，提供及时赶赴现场的交通工具和工作经费。

工会劳动保护监督检查员参加有毒有害、矿山井下等危险场所检查，以及企业伤亡事故、职业危害事件抢险救援和调查处理享受特殊津贴。津贴标准参照同级政府有关监管部门或纪检监察办案人员补贴标准执行，津贴由同级工会列支。

工会劳动保护监督检查员队伍应保持相对稳定。确因工作需要调离岗位、退休、退职及新增的人员，需在每年12月前上报任命机关予以备案。

工会劳动保护监督检查员的任命、考核等工作由任命机关负责，日常工作由所在工会组织负责。

任命机关每年对工会劳动保护监督检查员的工作实绩进行年度考核。年度考核表每年12月中旬上报任命机关。任命机关将考核结果于次年1月上旬反馈所在工会组织，供所在工会组织干部考核参考，记入任命机关管理档案。

对于做出优异成绩的工会劳动保护监督检查员，由任命机关予以通报表扬。

工会劳动保护监督检查员证件由中华全国总工会统一印制。

对于不履行监督检查职责或不称职的工会劳动保护监督检查员，由任命机关免去其资格并收回证件。

工会劳动保护监督检查员业务培训由任命机关负责。

工会劳动保护监督检查员必须取得相应专业资格。专业资格的培训由任命机关或委托有关院校承办。

工会劳动保护监督检查员依照有关法律、法规规定行使监督检查职权受到不公正待遇的，任命机关应维护其合法权益。

第二节　工会劳动保护工作责任制

（一）工会劳动保护工作的原则和方针

职工在生产过程中的安全健康是职工合法权益的重要内容。各级工会组织必须贯彻"安全第一，预防为主"的方针，坚持"预防为主，群防群治，群专结合，依法监督"的原则，依据国家有关法律法规的规定，履行法律赋予工会组织的权利与义务，独立自主、认真负责地开展群众性劳动保护监督检查活动，切实维护职工安全健康合法权益。

（二）工会劳动保护部门应履行的职责

各级地方总工会主席对本地区工会劳动保护工作负全面领导责任；分管副主席负直接领导责任；劳动保护部门负直接责任，履行以下职责：

（1）监督和协助政府有关部门以及企业贯彻执行国家有关劳动安全卫生政策、法律法规和标准。

（2）开展调查研究，听取职工群众的意见建议和工会劳动保护工作汇报，研究安全生产方面存在的重大问题，提出解决问题的意见或建议。

（3）独立或会同有关部门进行安全生产检查，促进企业不断改善劳动条件。对于重大事故隐患和严重职业危害应当实行建档备查，发放隐患整改通知书，并跟踪督促企业整改；对拒绝整改的，应及时报告上级工会及有关部门进行处理。

（4）参加生产性建设工程项目"三同时"的审查验收工作，对不符合"三同时"规定的，向有关方面提出存在问题及解决的建议。对劳动条件和安全卫生设施不符合国家标准或行业标准的，不予签字。

（5）按照国家伤亡事故和严重职业危害调查处理的有关规定，相应的地方总工会派员参加伤亡事故和严重职业危害的调查处理。

（6）指导企业工会开展"安康杯"竞赛等群众性劳动保护活动，总结推广群众性劳动保护监督检查的先进经验。

（7）在评选先进和劳动模范中，对发生重特大死亡事故或存在严重职业危害的企业和负有责任的个人，提出意见，落实一票否决权。

（三）各级地方总工会应建立劳动保护工作机构

各级地方总工会应建立负责劳动保护的工作机构，配备劳动保护专兼职干部，为劳动保护部门提供必要的经费、设备、交通和通讯工具。

（四）企业工会领导职责

企业工会主席对企业工会劳动保护工作负全面领导责任；分管副主席负直接领导责任；劳动保护部门（或专兼职人员）负直

接责任，履行以下职责：

（1）建立健全群众性劳动保护监督检查组织网络。

（2）听取工会劳动保护工作汇报和职工群众的意见，研究解决工会劳动保护工作的重大问题，指导工会劳动保护工作的开展。

（3）监督和协助企业贯彻落实国家有关劳动安全卫生法律法规和标准。参与企业安全生产责任制、劳动安全卫生规章制度、生产安全事故应急救援预案的制定和修改工作。

（4）参与集体合同中有关劳动安全卫生条款的协商与制定，督促合同相关内容的落实。

（5）参加本企业生产性建设工程项目"三同时"审查验收工作和伤亡事故的调查处理，按规定上报伤亡事故。

（6）独立或会同企业行政开展安全检查。对查出的问题要及时督促企业整改；对重大事故隐患和职业危害要建立档案，并跟踪监督整改；对本企业无法解决的重大隐患向上一级工会反映。

（7）组织职工开展"安康杯"竞赛等群众性安全生产活动。

（8）宣传职工在劳动安全卫生方面享有的权利与义务，教育职工遵章守纪，协助企业行政搞好安全教育培训，提高职工的安全意识和自我保护能力。

（9）密切关注生产过程中危及职工安全健康的问题。坚决制止违章指挥、强令工人冒险作业，遇到明显重大事故隐患或职业危害，危及职工生命安全时，应代表职工立即向企业行政或现场指挥人员提出停产解决的建议。

（五）企业工会履行职责遇到障碍、阻力时寻求帮助

企业工会在履行维护职工安全健康合法权益遇到障碍、阻

力，以至影响正常开展工作时，应当及时向上一级工会反映，上一级工会应给予支持和帮助。

（六）上级工会对下级工会有关人员履职责任的调查

上级工会在参加重特大伤亡事故和严重职业病危害事故调查时，发现下级工会有关人员没有履行工会劳动保护职责并导致严重后果的，应进行调查，提出处理建议。

（七）监督检查

上级工会应对下级工会执行本责任制的情况进行监督检查。对认真履行职责，做出突出成绩的给予表彰奖励；对未能履行职责的，给予批评教育，并督促其改正。

第三节 工会劳动法律监督

工会劳动法律监督，是工会依法对劳动法律法规执行情况进行的有组织的群众监督，是我国劳动法律监督体系的重要组成部分。

工会劳动法律监督工作应当遵循依法规范、客观公正、依靠职工、协调配合的原则。

全国总工会负责全国的工会劳动法律监督工作。县级以上地方总工会负责本行政区域内的工会劳动法律监督工作。乡镇（街道）工会、开发区（工业园区）工会、区域性、行业性工会联合会等负责本区域或本行业的工会劳动法律监督工作。用人单位工会负责本单位的工会劳动法律监督工作。

上级工会应当加强对下级工会劳动法律监督工作的指导和督促检查。涉及工会劳动法律监督的重大事项，下级工会应当及时向上级工会报告，上级工会应当及时给予指导帮助。对上级工会交办的劳动法律监督事项，下级工会应当及时办理并报告。

工会应当积极配合有关部门，对政府部门贯彻实施劳动法律法规的情况进行监督。

（一）监督职责

1. 工会开展劳动法律监督享有的权利

工会开展劳动法律监督，依法享有下列权利：

（1）监督用人单位遵守劳动法律法规的情况。

（2）参与调查处理。

（3）提出意见要求依法改正。

（4）提请政府有关主管部门依法处理。

（5）支持和帮助职工依法行使劳动法律监督权利。

（6）法律法规规定的其他劳动法律监督权利。

2. 工会对用人单位实施监督的情况

工会对用人单位的下列情况实施监督：

（1）执行国家有关就业规定的情况。

（2）执行国家有关订立、履行、变更、解除劳动合同规定的情况。

（3）开展集体协商，签订和履行集体合同的情况。

（4）执行国家有关工作时间、休息、休假规定的情况。

（5）执行国家有关工资报酬规定的情况。

（6）执行国家有关各项劳动安全卫生及伤亡事故和职业病处理规定的情况。

（7）执行国家有关女职工和未成年工特殊保护规定的情况。

（8）执行国家有关职业培训和职业技能考核规定的情况。

（9）执行国家有关职工保险、福利待遇规定的情况。

（10）制定内部劳动规章制度的情况。

（11）法律法规规定的其他劳动法律监督事项。

3. 工会重点监督的内容

工会重点监督用人单位恶意欠薪、违法超时加班、违法裁员、未缴纳或未足额缴纳社会保险费、侮辱体罚、强迫劳动、就业歧视、使用童工、损害职工健康等问题。对发现的有关问题线索，应当调查核实，督促整改，并及时向上级工会报告；对职工申请仲裁、提起诉讼的，工会应当依法给予支持和帮助。

工会应当加强法治宣传，引导用人单位依法用工，教育职工依法理性表达合理诉求。

工会建立隐患排查、风险研判和预警发布等制度机制，加强劳动关系矛盾预防预警、信息报送和多方沟通协商，把劳动关系矛盾风险隐患化解在基层、消除在萌芽状态。

县级以上工会经同级人大、政协同意，可以参加其组织的劳动法律法规执法检查、视察。

（二）监督组织

1. 监督组织的设立和领导

县级以上总工会设立工会劳动法律监督委员会，在同级工会领导下开展工会劳动法律监督工作。工会劳动法律监督委员会的日常工作由工会有关部门负责。

基层工会或职工代表大会设立劳动法律监督委员会或监督小组。工会劳动法律监督委员会受同级工会委员会领导。职工代表大会设立的劳动法律监督委员会对职工代表大会负责。

工会劳动法律监督委员会任期与本级工会任期相同。

2. 组成人员

县级以上工会劳动法律监督委员会委员由相关业务部门的人

员组成，也可以聘请社会有关人士参加。

基层工会劳动法律监督委员会委员或监督小组成员从工会工作者和职工群众中推选产生。

3. 工会劳动法律监督员应当具备的条件

工会劳动法律监督委员会可以聘任若干劳动法律监督员。工会劳动法律监督委员会成员同时为本级工会劳动法律监督员。

工会劳动法律监督员应当具备以下条件：

（1）具有较高的政治觉悟，热爱工会工作。

（2）熟悉劳动法律法规，具备履职能力。

（3）公道正派，热心为职工群众说话办事。

（4）奉公守法，清正廉洁。

工会劳动法律监督员实行先培训合格、后持证上岗制度。工会劳动法律监督员由县级以上总工会负责培训，对考核合格的，颁发《工会劳动法律监督员证书》。证书样式由中华全国总工会统一制定。

各级工会应当建立有关制度和信息档案，对工会劳动法律监督员进行实名制管理，具体工作由工会有关部门负责。

工会可以聘请人大代表、政协委员、专家学者、社会人士等作为本级工会劳动法律监督委员会顾问，也可以通过聘请律师、购买服务等方式为工会劳动法律监督委员会提供法律服务。

（三）监督实施

1. 提出意见建议

基层工会对本单位遵守劳动法律法规的情况实行监督，对劳动过程中发生的违反劳动法律法规的问题，应当及时向生产管理人员提出改进意见；对于严重损害劳动者合法权益的行为，基层工会在向单位行政提出意见的同时，可以向上级工会和当地政府有关主管部门报告，提出查处建议。

职工代表大会设立的劳动法律监督委员会，对本单位执行劳动法律法规的情况进行监督检查，定期向职工代表大会报告工作，针对存在的问题提出意见或议案，经职工代表大会作出决议，督促行政方面执行。

2. 工会对投诉的受理和调查

上级工会收到对用人单位违反劳动法律法规行为投诉的，应当及时转交所在用人单位工会受理，所在用人单位工会应当开展调查，于30个工作日内将结果反馈职工与上级工会。对不属于监督范围或者已经由行政机关、仲裁机构、人民法院受理的投诉事项，所在用人单位工会应当告知实名投诉人。

用人单位工会开展劳动法律监督工作有困难的，上级工会应当及时给予指导帮助。

工会在处理投诉或者日常监督工作中发现用人单位存在违反劳动法律法规、侵害职工合法权益行为的，可以进行现场调查，向有关人员了解情况，查阅、复制有关资料，核查事实。

工会劳动法律监督员对用人单位进行调查时，应当不少于2人，必要时上级工会可以派员参与调查。

工会劳动法律监督员执行任务时，应当将调查情况在现场如实记录，经用人单位核阅后，由调查人员和用人单位的有关人员共同签名或盖章。用人单位拒绝签名或盖章的，应当在记录上注明。

工会劳动法律监督员调查中应当尊重和保护个人信息，保守用人单位商业秘密。

3. 工会对违反劳动法律法规、侵害职工合法权益行为的协商解决

工会主动监督中发现违反劳动法律法规、侵害职工合法权益行为的，应当及时代表职工与用人单位协商，要求整改。对于职工的投诉事项，经调查认为用人单位不存在违反劳动法律法规、侵害职工合法权益行为的，应当向职工说明；认为用人单位存在违反劳动法律法规、侵害职工合法权益行为的，应当代表职工协商解决。

工会对用人单位违反劳动法律法规、侵害职工合法权益的行为，经协商沟通解决不成或要求整改无效的，向上一级工会报告，由本级或者上一级工会根据实际情况向用人单位发出工会劳动法律监督书面意见。

用人单位收到工会劳动法律监督书面意见后，未在规定期限内答复，或者无正当理由拒不改正的，基层工会可以提请地方工会向同级人民政府有关主管部门发出书面建议，并移交相关材料。

第四节　企业工会主席合法权益保护

（一）保护内容与措施

1. 被企业降职降级、停职停薪降薪等的保护

企业工会主席因依法履行职责，被企业降职降级、停职停薪降薪、扣发工资以及其他福利待遇的，或因被诬陷受到错误处理、调动工作岗位的，或遭受打击报复不能恢复原工作、享受原职级待遇的，或未安排合适工作岗位的，上级工会要会同该企业党组织督促企业撤销处理决定，恢复该工会主席原岗位工作，并补足其所受经济损失。

在企业拒不纠正的情况下，上级工会要向企业的上级党组织报告，通过组织渠道促使问题的解决；或会同企业、行业主管部门、或提请劳动行政部门责令该企业改正。

2. 被企业无正当理由解除或终止劳动合同的保护

企业工会主席因依法履行职责，被企业无正当理由解除或终止劳动合同的，上级工会要督促企业依法继续履行其劳动合同，恢复原岗位工作，补发被解除劳动合同期间应得的报酬，或给予本人年收入二倍的赔偿，并给予解除或终止劳动合同时的经济补偿金。

在企业拒不改正的情况下，上级工会要提请劳动行政部门责令该企业改正，直至支持权益受到侵害的工会主席向人民法院提起诉讼。对于发生劳动争议，工会主席本人申请仲裁或者提起诉讼的，应当为其提供法律援助，支付全部仲裁、诉讼费用。

3. 被故意伤害导致人身伤残、死亡的保护

企业工会主席因依法履行职责，被故意伤害导致人身伤残、死亡的，上级工会要支持该工会主席或者其亲属、代理人依法追究伤害人的刑事责任和民事责任。

对于被故意伤害导致人身伤残的工会主席，上级工会要视其伤残程度给予一次性补助；对于被故意伤害导致死亡的工会主席，要协助其直系亲属做好善后处理事宜，并给予一次性慰问金。

4. 失业期间的帮助和补助

企业工会主席因依法履行职责，遭受企业解除或终止劳动合同，本人不愿意继续在该企业工作、导致失业的，上级工会要为其提供就业帮助；需要就业培训的，要为其免费提供职业技能培训。在该工会主席失业期间，上级工会要按照本人原岗位工资收入给予补助，享受期限最多不超过六个月。

5. 因工会工作被扣发或减少收入的保护

企业非专职工会主席因参加工会会议、学习培训、从事工会工作，被企业扣发或减少工资和其它经济收入的，上级工会要督促企业依法予以足额补发。

(二) 保护机制与责任

1. **建立保护企业工会主席责任制**

各级工会领导机关要建立保护企业工会主席责任制，逐级承担保护企业工会主席合法权益的职责。企业工会的上一级工会要切实负起责任，保护所属企业工会主席的合法权益。

2. **设立工会干部权益保障金**

县（区）级以上工会领导机关要设立工会干部权益保障金，省级工会50万元、地（市）级工会30万元、县（区）级工会10万元，年末结余滚存下一年度使用。当年使用不足时可以动用滚存结余，仍不足时可追加。本级工会经费有困难时，可向上级工会提出补助申请。

要切实加强工会干部权益保障金的管理，专款专用。各级工会经费审查委员会要加强审查和监督工作。

3. **建立工会协调机构**

县（区）级以上工会领导机关要建立由组织部门牵头、相关部门参加的工作协调机构，受理下级工会或企业工会主席的维权申请、核实、报批和资料存档等相关事宜。

当工会主席合法权益受到侵害后，工会主席本人或者其所在企业工会组织向上一级工会提出书面保护申请及相关证明材料；上一级工会要及时做好调查核实工作，采取相应保护措施。需要支付保障金的，要按照隶属关系向县（区）级地方工会提出申请。县（区）级以上地方工会应依据实际情况，及时向合法权益受到侵害的工会主席支付权益保障金。

第五节　工会法律援助办法

工会建立法律援助制度，为合法权益受到侵害的职工、工会工作者和工会组织提供无偿法律服务。工会法律援助是政府法律援助的必要补充。

工会建立法律援助异地协作制度，省际、城际间工会组织及其法律援助机构可以互相委托，协助办理相关法律援助事项。

（一）机构和人员

1. 法律援助机构的设立

县级以上地方工会和具备条件的地方产业工会设立法律援助机构，在同级工会领导下开展工作。

地方工会可以与司法行政部门协作成立工会（职工）法律援助工作站，也可以与律师事务所等机构合作，签订职工法律援助服务协议。

工会设立法律援助机构应当符合有关法律、法规的规定。

2. 法律援助工作人员

工会法律援助机构可以单独设立也可以与困难职工帮扶中心合署办公，法律援助机构负责人及相关管理人员由同级工会委派或者聘任。

法律援助工作人员可以从下列人员中聘请：

（1）工会公职律师、专兼职劳动争议调解员、劳动保障法律监督员等工会法律工作者。

（2）法律专家、学者、律师等社会法律工作者。

（二）范围和条件

1. 工会法律援助的范围

（1）劳动争议案件。

（2）因劳动权益涉及的职工人身权、民主权、财产权受到侵犯的案件。

（3）工会工作者因履行职责合法权益受到侵犯的案件。

（4）工会组织合法权益受到侵犯的案件。

（5）工会认为需要提供法律援助的其他事项。

2. 工会法律援助的形式

（1）普及法律知识。

（2）提供法律咨询。

（3）代写法律文书。

（4）参与协商、调解。

（5）仲裁、诉讼代理。

（6）其他法律援助形式。

3. 申请工会法律援助的条件

职工符合下列条件之一的，可以向工会法律援助机构申请委托代理法律援助：

（1）为保障自身合法权益需要工会法律援助，且本人及其家庭经济状况符合当地工会提供法律援助的经济困难标准。

（2）未达到工会提供法律援助的经济困难标准，但有证据证明本人合法权益被严重侵害，需要工会提供法律援助的。农民工因请求支付劳动报酬或者工伤赔偿申请法律援助的，不受本办法规定的经济困难条件的限制。

(三) 申请和承办

1. 职工申请工会法律援助的机构

职工申请法律援助应当向劳动合同履行地或者用人单位所在地的工会法律援助机构提出。

工会工作者和工会组织申请工会法律援助应当向侵权行为地或者用人单位所在地的工会法律援助机构提出。

2. 职工申请工会法律援助应提交的材料

职工申请工会法律援助机构代理劳动争议仲裁、诉讼等法律服务，应当以书面形式提出，并提交下列材料：

（1）身份证、工作证或者有关身份证明。

（2）所在单位工会或者地方工会（含乡镇、街道、开发区等工会）出具的申请人经济困难状况的证明。

（3）与法律援助事项相关的材料。

（4）工会法律援助机构认为需要提供的其他材料。

提交书面申请确有困难的，可以口头申请。工会法律援助机构应当当场记录申请人基本情况、申请事项、理由和时间，并经本人签字。

3. 工会工作者、工会组织申请工会法律援助应提交的材料

工会工作者、工会组织申请工会法律援助机构参与协商、调解，代理仲裁、诉讼等法律服务，应当以书面形式提出，并分别提交下列材料：

（1）工会工作者所在单位工会或者工会组织所在地方工会出具的情况证明或说明。

（2）与法律援助事项相关的材料。

（3）工会法律援助机构认为需要提供的其他材料。

4. 条件审查

工会法律援助机构自收到申请之日起 7 日内按规定的条件进行审查。对符合条件的，由工会法律援助机构负责人签署意见，作出同意提供法律援助的书面决定，指派法律援助承办人员，并通知申请人。

对申请人提交的证件、证明材料不齐全的，应当要求申请人作出必要的补充或者说明，申请人未按要求作出补充或者说明的，视为撤销申请。

对不符合条件的，作出不予提供法律援助的决定，以口头或者书面形式通知申请人。

5. 办理时限

工会法律援助机构对法律咨询、代写法律文书等法律服务事项，应当即时办理；复杂疑难的可以预约择时办理。

6. 承办人员

法律援助承办人员接受工会法律援助机构的管理和监督，依法承办法律援助机构指定的援助事项，维护受援人合法权益。

法律援助承办人员在援助事项结案后，应当向工会法律援助机构提交结案报告。

法律援助事项结案后，工会法律援助机构应当按规定向承办人员支付法律援助办案补贴。补贴标准由县级以上地方工会根据本地实际情况确定。

法律援助承办人员接受指派后，无正当理由不得拒绝、延迟或者中止、终止办理指定事项。

法律援助承办人员未按规定程序批准，不得以工会法律援助机构名义承办案件。

法律援助承办人员应当遵守职业道德和执业纪律，不得收取受援人任何财物。

（四）资金来源和管理

工会法律援助工作经费主要用于工会法律援助机构的办公、办案经费。县级以上地方工会应当将工会法律援助工作经费列入本级工会经费预算，并依据国家和工会财务制度的有关规定，制定相应管理办法。

对困难职工的法律援助补助资金，从工会困难职工帮扶中心专项资金中列支，管理和使用应当遵守《困难职工帮扶中心专项资金管理办法》的有关规定。

工会法律援助工作经费、对困难职工法律援助的补助资金，接受上级和本级工会财务、经审、法律、保障部门的监督检查。

第五章　工会女职工工作

第一节　工会女职工委员会工作

工会女职工委员会是在同级工会委员会领导下和上一级工会女职工委员会指导下的女职工组织，根据女职工的特点和意愿开展工作。

(一) 基本任务

1. 加强思想政治引领

加强思想政治引领，组织女职工认真学习习近平新时代中国特色社会主义思想，开展理想信念教育，承担团结引导女职工听党话、跟党走的政治责任。教育女职工践行社会主义核心价值观，树立自尊、自信、自立、自强精神，不断提高思想道德素质、科学文化素质、技术技能素质和身心健康素质，建设有理想、有道德、有文化、有纪律的女职工队伍。

2. 动员女职工建功立业

按照"五位一体"总体布局和"四个全面"战略布局要求，践行新发展理念，把握为实现中华民族伟大复兴的中国梦而奋斗的工人运动时代主题，弘扬劳模精神、劳动精神、工匠精神，动员和组织广大女职工在改革发展稳定第一线建功立业。

3. 依法维护女职工的合法权益和特殊利益

依法维护女职工在政治、经济、文化、社会和家庭等方面的合法权益和特殊利益，同一切歧视、虐待、摧残、迫害女职工的行为作斗争。

参与有关保护女职工权益的法律、法规、规章、政策的制定和完善，监督、协助有关部门贯彻实施。代表和组织女职工依法依规参加本单位的民主管理和民主监督。参与平等协商、签订集体合同和女职工权益保护等专项集体合同工作，并参与监督执行。指导和帮助女职工与用人单位签订并履行劳动合同。参与涉及女职工特殊利益的劳动关系协调和劳动争议调解，及时反映侵害女职工权益问题，督促和参与侵权案件的调查处理。做好对女职工的关爱服务，加强对困难女职工的帮扶救助。

4. 开展家庭文明建设工作

开展家庭文明建设工作，围绕尊老爱幼、男女平等、夫妻和睦、勤俭持家、邻里团结等内容，充分发挥女职工在弘扬中华民族家庭美德、树立良好家风方面的独特作用。

5. 推动营造有利的社会环境

推动营造有利于女职工全面发展的社会环境，发现、培养、宣传和推荐优秀女性人才，组织开展五一巾帼奖等评选表彰。

6. 会同有关方面共同做好女职工工作

会同工会有关部门和社会有关方面共同做好女职工工作。在有关方面研究决定涉及女职工利益问题时，积极提出意见建议。

与国际组织开展交流活动，为促进妇女事业发展作出贡献。

(二) 组织制度

1. 组织设立

各级工会建立女职工委员会。女职工委员会与工会委员会同时建立。企业、事业单位、机关和其他社会组织等基层工会委员会有女会员十人以上的建立女职工委员会，不足十人的设女职工委员。基层工会女职工委员会主任、副主任与工会委员会同时报上级工会审批。

省、自治区、直辖市、地（市、州）总工会女职工委员会，实行垂直领导的产业工会女职工委员会，大型企业、事业单位、机关和其他社会组织等工会女职工委员会应设立办公室（女职工部），负责女职工委员会的日常工作；县级、乡镇（街道）、村（社区）工会和中、小企事业单位、机关等工会女职工委员会根据工作需要设专职或兼职工作人员，也可以设立办公室（女职工部）。

2. 委员产生

女职工委员会委员由同级工会委员会提名，在充分协商的基础上产生，也可召开女职工大会或女职工代表大会选举产生。注重提高女劳动模范、一线女职工和基层工会女职工工作者在工会女职工委员会委员中的比例。县以上工会女职工委员会根据工作需要可聘请顾问若干人。

3. 组成人员

县以上工会女职工委员会常务委员会由主任一人、副主任若干人、常委若干人组成。

4. 代表比例

在工会代表大会、职工代表大会、教职工代表大会中，女职工代表的比例应与女职工占职工总数的比例相适应。

5. 工会女职工委员会与妇联关系

工会女职工委员会是县以上妇联的团体会员，通过县以上地方工会接受妇联的业务指导。

(三) 工会女职工委员会干部

1. 女职工委员会主任

女职工委员会主任由同级工会女主席或女副主席担任,也可经民主协商,按照相应条件配备,享受同级工会副主席待遇。女职工委员会主任应提名为同级工会委员会或常务委员会委员候选人。

2. 专职女职工工作干部配备

女职工 200 人以上的企业、事业单位工会女职工委员会,应配备专职女职工工作干部。

3. 委员任期和人员调整

女职工委员会委员任期与同级工会委员会委员任期相同。在任期内,由于委员的工作变动等原因需要调整时,由工会女职工委员会提出相应的替补、增补人选,经同级工会委员会审议通过予以替补、增补,并报上级工会女职工委员会备案。

4. 干部队伍建设

各级工会女职工委员会要按照革命化、年轻化、知识化、专业化的要求和德才兼备、以德为先、任人唯贤的原则,努力建设一支政治坚定、业务扎实、作风过硬、廉洁自律、热爱女职工工作,深受女职工信赖的干部队伍。

各级工会女职工委员会要加强对女干部的培养,重视培训工作,提高女干部队伍的整体素质。

(四) 工作制度

1. 工作原则

女职工委员会实行民主集中制。凡属重大问题,要广泛听取女职工意见,由委员会或常务委员会进行充分的民主讨论后作出决定。

2. 制度制定

女职工委员会根据工作需要制定有关制度。每年召开一至二次常务委员会和委员会会议，也可临时召开会议。

3. 工作报告

工会女职工委员会要定期向同级工会委员会和上级工会女职工委员会报告工作。

4. 工作重心

县以上各级工会女职工委员会要把工作重心放在基层，增强基层女职工组织的活力，为广大女职工服务。

（五）经费

各级工会要为工会女职工委员会开展工作与活动提供必要的经费，所需经费应列入同级工会的经费预算。

第二节　女职工劳动保护特别规定

（一）改善女职工劳动安全卫生条件

用人单位应当加强女职工劳动保护，采取措施改善女职工劳动安全卫生条件，对女职工进行劳动安全卫生知识培训。

（二）遵守女职工禁忌从事的劳动范围的规定

用人单位应当遵守女职工禁忌从事的劳动范围的规定。用人单位应当将本单位属于女职工禁忌从事的劳动范围的岗位书面告知女职工。

1. 女职工禁忌从事的劳动范围

（1）矿山井下作业。

（2）体力劳动强度分级标准中规定的第四级体力劳动强度的作业。

（3）每小时负重 6 次以上、每次负重超过 20 公斤的作业，或者间断负重、每次负重超过 25 公斤的作业。

2. 女职工在经期禁忌从事的劳动范围

（1）冷水作业分级标准中规定的第二级、第三级、第四级冷水作业。

（2）低温作业分级标准中规定的第二级、第三级、第四级低温作业。

（3）体力劳动强度分级标准中规定的第三级、第四级体力劳动强度的作业。

（4）高处作业分级标准中规定的第三级、第四级高处作业。

3. 女职工在孕期禁忌从事的劳动范围

（1）作业场所空气中铅及其化合物、汞及其化合物、苯、镉、铍、砷、氰化物、氮氧化物、一氧化碳、二硫化碳、氯、己内酰胺、氯丁二烯、氯乙烯、环氧乙烷、苯胺、甲醛等有毒物质浓度超过国家职业卫生标准的作业。

（2）从事抗癌药物、己烯雌酚生产，接触麻醉剂气体等的作业。

（3）非密封源放射性物质的操作，核事故与放射事故的应急处置。

（4）高处作业分级标准中规定的高处作业。

（5）冷水作业分级标准中规定的冷水作业。

（6）低温作业分级标准中规定的低温作业。

（7）高温作业分级标准中规定的第三级、第四级的作业。

（8）噪声作业分级标准中规定的第三级、第四级的作业。

（9）体力劳动强度分级标准中规定的第三级、第四级体力劳动强度的作业。

（10）在密闭空间、高压室作业或者潜水作业，伴有强烈振动的作业，或者需要频繁弯腰、攀高、下蹲的作业。

4. 女职工在哺乳期禁忌从事的劳动范围

（1）孕期禁忌从事的劳动范围的第一项、第三项、第九项。

（2）作业场所空气中锰、氟、溴、甲醇、有机磷化合物、有机氯化合物等有毒物质浓度超过国家职业卫生标准的作业。

（三）孕期和哺乳期的保护

用人单位不得因女职工怀孕、生育、哺乳降低其工资、予以辞退、与其解除劳动或者聘用合同。

女职工在孕期不能适应原劳动的，用人单位应当根据医疗机构的证明，予以减轻劳动量或者安排其他能够适应的劳动。对怀孕 7 个月以上的女职工，用人单位不得延长劳动时间或者安排夜班劳动，并应当在劳动时间内安排一定的休息时间。怀孕女职工在劳动时间内进行产前检查，所需时间计入劳动时间。

（四）产假假期和产假待遇

女职工生育享受 98 天产假，其中产前可以休假 15 天；难产的，增加产假 15 天；生育多胞胎的，每多生育 1 个婴儿，增加产假 15 天。女职工怀孕未满 4 个月流产的，享受 15 天产假；怀孕满 4 个月流产的，享受 42 天产假。

不过，上述规定只是产假的最低天数。《人口与计划生育法》第二十五条第一款规定，符合法律、法规规定生育子女的夫妻，可以获得延长生育假的奖励或者其他福利待遇。因此，实践中，全国各地产假天数并不一致。很多地区发布了人口与计划生育条例及实施细则，对产假作出进一步的规定。以北京市为例，根据

《北京市人口与计划生育条例》第十九条的规定，按规定生育子女的夫妻，女方除享受国家规定的产假外，享受延长生育假60日，男方享受陪产假15日。女方经所在机关、企业事业单位、社会团体和其他组织同意，可以再增加假期1至3个月。

女职工产假期间的生育津贴，对已经参加生育保险的，按照用人单位上年度职工月平均工资的标准由生育保险基金支付；对未参加生育保险的，按照女职工产假前工资的标准由用人单位支付。女职工生育或者流产的医疗费用，按照生育保险规定的项目和标准，对已经参加生育保险的，由生育保险基金支付；对未参加生育保险的，由用人单位支付。

对哺乳未满1周岁婴儿的女职工，用人单位不得延长劳动时间或者安排夜班劳动。用人单位应当在每天的劳动时间内为哺乳期女职工安排1小时哺乳时间；女职工生育多胞胎的，每多哺乳1个婴儿每天增加1小时哺乳时间。

女职工比较多的用人单位应当根据女职工的需要，建立女职工卫生室、孕妇休息室、哺乳室等设施，妥善解决女职工在生理卫生、哺乳方面的困难。

第三节　加强新时代工会女职工工作

（一）聚焦基本职责，实现工会女职工工作水平新提升

（1）加强思想政治引领。坚持用习近平新时代中国特色社会主义思想武装女职工，不断增进广大女职工对新时代党的创新理论的政治认同、思想认同、情感认同。强化理想信念教育，深化中国特色社会主义和中国梦宣传教育，引导女职工坚定不移听党话、矢志不渝跟党走。大力弘扬劳模精神、劳动精神、工匠精

神,组织开展巾帼劳模工匠论坛、宣讲等活动,进一步发挥先进典型示范引领作用。加强新时代家庭家教家风建设,倡导开展"培育好家风——女职工在行动"主题实践活动,推动社会主义核心价值观在家庭落地生根。

(2)深化提升素质建功立业工程。贯彻落实产业工人队伍建设改革各项部署,充分发挥技能强国——全国产业工人学习社区、工匠学院等阵地作用,落实科技创新巾帼行动,加强女职工数字技能培训,培育女职工创新工作室,助力女职工成长成才。引导女职工积极参与"建功'十四五'、奋进新征程"主题劳动和技能竞赛,广泛深入持久开展具有女职工特色的区域性、行业性劳动和技能竞赛,推动竞赛向新产业新业态新组织拓展。开展女职工先进集体和个人表彰或表扬,规范完善"五一巾帼奖"评选管理工作;在全国五一劳动奖章等评选表彰中重视并保障女职工比例。

(3)维护女职工合法权益和特殊利益。参与国家和地方有关女职工权益保护法律法规政策的研究和制定修订,推动地方出台《女职工劳动保护特别规定》实施办法。充分发挥女职工权益保护专项集体合同作用,突出民主管理、生育保护、女职工卫生费、帮助职工平衡工作和家庭责任等重点,提升协商质量和履约实效。定期开展普法宣传活动,常态化做好维权典型案例评选、联合专项执法检查、工会劳动法律监督,及时推动侵犯女职工权益案件调查处理,促进劳动关系和谐稳定,维护劳动领域政治安全。依法维护新就业形态女性劳动者劳动报酬、休息休假、劳动保护、社会保险等权益。

(4)提升女职工生活品质。落实国家生育政策及配套支持措施,支持有条件的用人单位为职工提供托育服务,推动将托育服务纳入职工之家建设和企业提升职工生活品质试点工作,推进工会爱心托管服务,加强女职工休息哺乳室建设,做好职工子女关爱服务,创建家庭友好型工作场所。高度关注女职工劳动保护和身心健康,加大女职工劳动安全卫生知识教育培训力度,推动特定行业、企业等开展女职工职业病检查;扩大宫颈癌、乳腺癌筛查受益人群和覆盖范围,加强女职工人文关怀和心理疏导工作。深化工会婚恋交友服务,教育引导职工树立正确婚恋观,开展更加符合职工需求及特点的婚恋交友活动。

(二)夯实组织基础,激发工会女职工组织新活力

(1)扩大工会女职工组织覆盖。坚持以工会组织建设带动工会女职工组织建设,女职工组织与工会组织同时筹备、同时产生(或换届)、同时报批,努力实现在已建工会组织单位中女职工组织的全覆盖。着力加强产业工会、区域(行业)工会联合会以及乡镇(街道)、村(社区)、工业园区工会女职工委员会建设,建立健全工会女职工组织体系。将工会女职工组织建设工作纳入模范职工之家、劳动关系和谐企业创建以及会员评议职工之家活动等各项评比内容。

(2)加强工会女职工组织机构建设。省、自治区、直辖市,设区的市和自治州总工会,实行垂直领导的产业工会,机关、事业单位工会,根据工作需要,按照机构编制管理权限,经机构编制部门同意,设立女职工委员会办公室(女职工部)或明确女职工工作责任部门,安排专人负责女职工委员会的日常工作。县(旗)、自治县、不设区的市,乡镇(街道),村(社区),企业和其他社会组织等工会,根据工作需要安排专人负责女职工工作。企业工会女职工委员会是县或者县以上妇联的团体会员,通过县以上地方工会接受妇联的业务指导。

(3)推动工会女职工组织运行制度化规范化。落实女职工委

员会向同级工会委员会和上级工会女职工委员会报告工作制度，完善工会女职工委员会委员发挥作用制度。发挥女职工工作联系点、女职工工作信息员、社会化工会工作者、工会积极分子、工会工作志愿者以及社会组织作用。完善女职工工作培训制度，将女职工工作作为工会干部教育培训的重要内容，引导工会领导干部增强重视和支持女职工工作的意识；通过定期举办工会女职工工作干部培训班，逐步实现教育培训对专兼挂工会女职工工作干部的全覆盖。注重培育不同层面工会女职工组织先进典型，以点带面推进工会女职工工作。

（三）创新工作方式，拓宽工会女职工工作新路径

（1）构建统筹协调机制。做好对内统筹，各级工会相关部门、产业工会和直属单位结合工作职能，将女职工工作纳入工作规划、年度安排、重点工作中研究部署、统筹考虑，汇聚资源力量，合力推动女职工工作。做好对外协调，积极争取人社、卫健等政府部门的支持，发挥专家智库作用，整合社会资源，延长工会女职工工作手臂；在现有体制机制不变的前提下，密切与妇联等群团组织的联系合作，凝聚强大合力，共同做好党的群众工作。

（2）加强调查研究工作。深化对党领导下的工运事业和妇女事业重大成就及历史经验的学习研究，把握工会女职工工作规律性认识，推进理论创新和实践创新。聚焦党中央决策部署和工会重点工作，立足新时代职工队伍和劳动关系发展变化，定期开展女职工队伍状况调查和专题调研。加强调研设计，提高调研质量，及时通报、交流调研成果，加大优秀调研成果宣传力度，推动形成工作性意见、转化为政策制度。

（3）注重品牌塑造创新。强化品牌意识，推动工会女职工工作传统特色品牌的巩固拓展和发展提升,持之以恒做优做强女职工普法宣传、女职工权益保护专项集体合同、玫瑰书香、会聚良缘、爱心托管、托育服务、女职工休息哺乳室等特色品牌,不断赋予品牌新内涵、新亮点,发挥品牌示范引领效应。结合实际及时发现培育、总结提炼基层典型经验,努力创建更多体现时代特色和地域特点的工作品牌,增强工会女职工工作的社会影响力。

(4)用好网上工作平台。顺应数字化、信息化、智能化时代发展趋势,依托各级网上工会、智慧工会平台,探索设置符合女职工特点和需求的女职工工作专区,打造快捷高效的女职工工作网上矩阵,提高活动参与度和服务覆盖面,使广大女职工网上网下都能找到娘家人。发挥工会网上舆论阵地和主流网络媒体作用,加强女职工网上引领和女职工工作网上宣传,营造尊重关心女职工、关注支持工会女职工工作的社会氛围。

第六章　工会财务和经费审查工作

第一节　工会预算管理

(一) 工会预算管理基础

工会预算是各级工会组织及所属事业单位按照一定程序核定的年度收支计划。

1. 工会预算管理级次

工会系统实行一级工会一级预算,预算管理实行下管一级的原则。

工会预算一般分为五级,即全国总工会、省级工会、市级工会、县级工会和基层工会。省级工会可根据乡镇(街道)工会、开发区(工业园区)工会发展的实际,确定省级以下工会的预算管理级次,并报全国总工会备案。

经全国总工会批准,中华全国铁路总工会、中国民航工会全国委员会、中国金融工会全国委员会依法独立管理经费,根据各自管理体制,确定所属下级工会的预算管理级次,并报全国总工会备案。

2. 工会预算组成

全国工会预算由全国总工会总预算和省级工会总预算组成。

全国总工会总预算由全国总工会本级预算和与全国总工会建立经费拨缴关系的企业工会汇总预算组成。

省级工会总预算由省（自治区、直辖市）总工会、中央和国家机关工会联合会、中华全国铁路总工会、中国民航工会全国委员会、中国金融工会全国委员会本级预算和汇总的下一级工会总预算组成。下一级工会只有本级预算的，下一级工会总预算即指下一级工会的本级预算。

本级预算是指各级工会本级次范围内所有收支预算，包括本级所属单位的单位预算和本级工会的转移支付预算。

单位预算是指本级工会机关、所属事业单位的预算。

转移支付预算是指本级工会对下级工会的补助预算。

3. 工会预算原则和预算年度

工会预算应当遵循统筹兼顾、勤俭节约、量力而行、讲求绩效和收支平衡的原则。

各级工会的预算收入和预算支出实行收付实现制，特定事项按照相关规定实行权责发生制。

预算年度自公历1月1日起，至12月31日止。

（二）预算管理职权

各级工会、各预算单位财务管理部门是预算归口管理的职能部门。

1. 全国总工会财务管理部门的职权

全国总工会财务管理部门的职权：

（1）具体负责汇总编制全国工会预算。

（2）具体负责编制全国总工会本级预（决）算草案，报全总领导同志签批后，经中华全国总工会经费审查委员会审查，提交全总党组会议审议。

（3）具体负责编制全国总工会本级预算调整方案，经中华全国总工会经费审查委员会履行审查程序后，提交全总党组会议审议。

（4）批复全国总工会本级预算单位预（决）算，对省级工会的预（决）算和预算调整方案实行备案管理。

（5）提出全国总工会本级预算预备费动用方案，提交全总党组会议审议。

（6）具体负责汇总编制全国工会决算。

（7）定期向中华全国总工会经费审查委员会或其常委会报告全国总工会本级预算执行情况。

2. 省级工会的职权

省级工会的职权：

（1）汇总编制省级工会总预算，报全国总工会备案。

（2）编制省级工会本级预（决）算草案，经必要程序审查、审议通过后报全国总工会备案。

（3）编制省级工会本级预算调整方案，经必要程序审查、审议通过后报全国总工会备案。

（4）批复省级工会本级预算单位的预（决）算，对下一级工会的本级预（决）算和预算调整方案实行审批或备案管理。

（5）决定本级预备费的动用。

（6）汇总本级及以下各级工会决算，报全国总工会。

3. 市级工会的职权

市级工会的职权：

（1）汇总编制市级工会总预算，报省级工会备案。

（2）编制市级工会本级预（决）算草案，经必要程序审查、审议通过后报省级工会审批或备案。

（3）编制市级工会本级预算调整方案，经必要程序审查、审议通过后报省级工会审批或备案。

（4）审批市级工会本级预算单位的预（决）算，对县级工会的本级预（决）算和预算调整方案实行审批或备案管理。

（5）决定本级预备费的动用。

（6）汇总本级及以下各级工会决算，报省级工会。

4. 县级工会的职权

县级工会的职权：

（1）汇总编制县级工会总预算，报市级工会备案。

（2）编制县级工会本级预（决）算草案，经必要程序审查、审议通过后报市级工会审批或备案。

（3）编制县级工会本级预算调整方案，经必要程序审查、审议通过后报市级工会审批或备案。

（4）审批县级工会本级预算单位的预（决）算，对下一级工会的本级预（决）算和预算调整方案实行审批或备案管理。

（5）决定本级预备费的动用。

（6）汇总本级及以下各级工会决算，报市级工会。

5. 乡镇（街道）工会、开发区（工业园区）工会职权

乡镇（街道）工会、开发区（工业园区）工会预算管理职权由省级工会确定。

6. 基层工会的职责

基层工会的职责：

（1）负责编制本级工会预（决）算草案和预算调整方案，经本级经费审查委员会审查后，由本级工会委员会审批，报上级工会备案。

（2）组织本级预算的执行。

（3）定期向本级工会经费审查委员会报告本级工会预算执行情况。

（4）批复本级所属预算单位的预（决）算。

（5）编制本级工会决算，报上级工会。

（三）预算收支范围

预算由预算收入和预算支出组成。工会及所属预算单位的全部收入和支出都应当纳入预算。

1. 预算收入范围

县级以上工会预算收入包括：拨缴经费收入、上级补助收入、政府补助收入、附属单位上缴收入、投资收益、其他收入。

基层工会预算收入包括：会费收入、拨缴经费收入、上级补助收入、行政补助收入、附属单位上缴收入、投资收益、其他收入。

工会所属事业单位预算收入包括：财政拨款收入、事业收入、上级补助收入、附属单位上缴收入、经营收入、债务收入、非同级财政拨款收入、投资收益、其他收入。

2. 预算支出范围

县级以上工会预算支出包括：职工活动组织支出、职工服务支出、维权支出、业务支出、行政支出、资本性支出、补助下级支出、对附属单位的支出、其他支出。

基层工会预算支出包括：职工活动支出、职工服务支出、维权支出、业务支出、资本性支出、对附属单位的支出、其他支出。

工会所属事业单位的预算支出包括：行政支出、事业支出、经营支出、上缴上级支出、对附属单位补助支出、投资支出、债务还本支出、其他支出。

（四）预算编制与审批

1. 编制预算草案

根据国家财政预算管理要求和工会预算管理实际，全国总工会及时印发下一年度预算草案编制的通知。省、市、县级工会应根据全国总工会预算编制的有关要求，结合实际情况进行部署，编制本级预算，汇总下一级工会总预算，按规定时限报上一级工会。

各级工会、各预算单位应当围绕党和国家工作大局，紧扣工会中心工作，参照国务院财政部门制定的政府收支分类科目、预算支出标准和预算绩效管理的规定，根据跨年度预算平衡的原则，参考上一年预算执行情况、存量资产情况和有关支出绩效评价结果，编制预算草案。

前述所称政府收支分类科目，收入分为类、款、项、目；支出按其功能分类分为类、款、项，按其经济性质分类为类、款。

各级工会、各预算单位应当按照本办法规定的收支范围，依法、真实、完整、合理地编制年度收支预算。

2. 财政保障

根据《中华人民共和国工会法》等法律法规的规定，各级工会办公场所和工会活动设施等物质条件应由各级人民政府和单位行政提供。各级工会应积极争取同级政府或行政支持，将政府或行政补助纳入预算管理。在政府或行政补助不足的情况下，可以动用经费弥补不足，上级工会也可根据情况给予适当补助。

县级以上工会可根据所属事业单位分类情况，结合同级财政保障程度，对所属事业单位实行定额补助或定项补助。

3. 工会支出预算的编制

各级工会支出预算的编制，应当贯彻勤俭节约的原则，优化经费支出结构，保障日常运行经费，从严控制"三公"经费和一般行政性支出，重点支持维护职工权益、为职工服务和工会活动等工会中心工作。

支出预算的编制按基本支出、项目支出进行分类。基本支出是预算单位为保障其正常运转、完成日常工作任务而编制的年度基本支出计划，按其性质分为人员经费和日常公用经费。基本支出之外为完成特定任务和事业发展目标所发生的支出为项目支出。

县级以上工会的基本支出预算，应参照同级政府有关部门的有关规定、制度、费用标准以及核定的人员编制编列，当年未执行完毕的基本支出预算可在下年继续使用。基层工会在单位行政不能足额保障的情况下，可根据需要从严编制基本支出预算。

各级工会上一年度未全部执行或未执行、下年需按原用途继续使用的项目资金，作为项目结转资金，纳入下一年度预算管理，用于结转项目的支出。

各级工会当年预算收入不足以安排当年预算支出的，可以动用以前年度结余资金弥补不足。各级工会一般不得对外举债，县级以上工会由于特殊原因确需向金融机构申请借款的，必须经过党组会议集体研究决定。结转结余资金使用管理办法由全国总工会另行制定。

县级以上工会应根据实际情况建立本级预算项目库。

县级以上工会应根据基本建设类项目立项批复确定的资金渠道编制年度支出预算。

各级工会、各预算单位编制预算时，应根据政府采购和工会资金采购的相关规定，编制年度采购预算。

县级以上工会可以按照本级预算支出额的百分之一至百分之三设置预备费，用于当年预算执行中因处理突发事件、政策性增支及其他难以预见的开支。

县级以上工会可以设置预算稳定调节基金，用于弥补以后年度预算资金的不足。

4. 转移支付

上级工会对下级工会的转移支付分为一般性转移支付和专项转移支付。

一般性转移支付是上级工会给下级工会未指定用途的补助，应当根据全国总工会的有关规定，结合下级工会的财力状况和工作需要编制。

专项转移支付是上级工会给下级工会用于专项工作的补助，应当根据工作需要，分项目编制。

县级以上工会应当将对下级工会的转移支付预计数提前下达下级工会。各级工会应当将上级工会提前下达的转移支付预计数编入本级预算。

5. 预算审批

省级（含）以下总工会预算必须由党组集体审议决定，同级经费审查委员会履行相应审查职责，其他审查、审议的必要程序由各级工会确定。

上一级工会认为下一级工会预算与法律法规、上级工会预算编制要求不符的，有权提出修订意见，下级工会应予调整。

各级工会本级预算经批准后，应当在 20 日内批复所属预算单位。

（五）预算执行与调整

1. 预算执行的主体

各级工会预算由本级工会组织执行，具体工作由财务管理部门负责。

各级工会所属预算单位是本单位预算执行的主体，对本单位预算执行结果负责。

2. 预算执行

各级工会应按照年度预算积极组织收入。按照规定的比例及时、足额拨缴工会经费，不得截留、挪用。

预算批准前，上一年结转的项目支出和必要的基本支出可以提前使用。送温暖支出、突发事件支出和本级工会已确定年度重点工作支出等需提前使用的，必须经集体研究决定。预算批准后，按照批准的预算执行。

各级工会应根据年度支出预算和用款计划拨款。未经批准，不得办理超预算、超计划的拨款。

县级以上工会必须根据国家法律法规和全国总工会的相关规定，及时、足额拨付预算资金，加强对预算支出的管理和监督。各预算单位的支出必须按照预算执行，不得擅自扩大支出范围，提高开支标准，不得擅自改变预算资金用途，不得虚假列支。

当年预算执行中，县级以上工会因处理突发事件、政策性增支及其他难以预见的开支，需要增加预算支出的，可以由本级工会财务管理部门提出预备费的动用方案，报本级工会集体研究决定。

3. 预算调整

各级工会预算一经批准，原则上不作调整。

下列事项应当进行预算调整：

（1）需要增加或减少预算总支出的。

（2）动用预备费仍不足以安排支出的。

（3）需要调减预算安排的重点支出数额的。

（4）动用预算稳定调节基金的。

预算调整的程序按照预算编制的审批程序执行。

在预算执行中，各级工会因上级工会和同级财政增加不需要本级工会提供配套资金的补助而引起的预算收支变化，不属于预算调整。

各级工会、各预算单位的预算支出应当按照预算科目执行，严格控制不同预算科目、预算级次或项目间的预算资金调剂。确需调剂使用的，按照有关规定办理。

县级以上工会在预算执行中有超收收入的，只能用于补充预算稳定调节基金。县级以上工会在预算年度中出现短收，应通过减少支出、调入预算稳定调节基金来解决。以上变化情况应在决算说明中进行反映。

县级以上工会和具备条件的基层工会应全面实施预算绩效管理。

（六）决算

各级工会应在每一预算年度终了后，按照全国总工会的有关规定编制本级工会收支决算草案和汇总下一级工会收支决算。

编制决算草案，必须符合法律法规和相关制度规定，做到收支真实、数据准确、内容完整、报送及时。

全国总工会和省、市、县级工会决算编制的职权按照本办法有关规定执行。基层工会决算草案经本级经费审查委员会审查后，由本级工会委员会审批，并报上级工会备案。

各级工会所属预算单位的决算草案，应在规定的期限内报本级财务管理部门审核汇总。本级财务管理部门审核决算草案发现有不符合法律法规和工会规定的，有权责令其纠正。

各级工会应当将经批准的本级决算及下一级工会的决算汇总，在规定时间内报上一级工会备案。

上一级工会认为下一级工会决算与法律法规、上级工会决算编制要求不符的，有权提出修订意见，下级工会应予调整。

各级工会本级决算批准后，应当在 15 个工作日内批复所属预算单位。

第二节　基层工会预算管理

基层工会是指企业、事业单位、机关和其他社会组织单独或联合建立的基层工会委员会。基层工会预算是指经一定程序核定的年度收支计划。

基层工会应当根据统筹兼顾、勤俭节约、量力而行、讲求绩效和收支平衡的原则，统筹组织各项收入，合理安排各项支出，科学编制年度收支预算。

基层工会的预算年度自公历1月1日起至12月31日止。

（一）预算收支范围

基层工会预算由预算收入和预算支出组成。基层工会的全部收入和支出都应当纳入预算。

1. 预算收入

预算收入包括：会费收入、拨缴经费收入、上级补助收入、行政补助收入、附属单位上缴收入、投资收益、其他收入。

（1）会费收入是指工会会员依照中华全国总工会规定按本人工资收入的5%向所在基层工会缴纳的会费。

（2）拨缴经费收入是指建立工会组织的单位按全部职工工资总额2%依法向工会拨缴的经费中的留成部分。

基层工会的经费分成比例不低于单位全部职工工资总额2%中的60%。按照省级工会确定省以下各级工会经费分成比例的原则，具体比例由省级工会确定后报全国总工会备案。

（3）上级补助收入是指基层工会收到的上级工会拨付的各类补助款项。

（4）行政补助收入是指基层工会所在单位依法对工会组织给

予的各项经费补助。

（5）附属单位上缴收入是指基层工会所属独立核算的企事业单位上缴的收入和所属非独立核算事业单位的各项事业收入。

（6）投资收益是指基层工会对外投资发生的损益。

（7）其他收入是指基层工会取得的资产盘盈、固定资产处置净收入、接受捐赠收入和利息收入等。

2. 预算支出

预算支出包括：职工活动支出、职工服务支出、维权支出、业务支出、资本性支出、对附属单位的支出、其他支出。

（1）职工活动支出

职工活动支出是指基层工会开展职工教育活动、文体活动、宣传活动、劳模疗休养活动、会员活动等活动发生的支出。包括：

职工教育支出。用于基层工会开展的政治、法律、科技、业务等专题培训和职工技能培训所需的教材资料、教学用品、场地租金等方面的支出，用于支付职工教育活动聘请授课人员的酬金，用于基层工会开展的职工素质提升补助和职工教育培训优秀学员的奖励。

文体活动支出。用于基层工会开展或参加上级工会组织的职工业余文体活动所需器材、服装、用品等购置、租赁与维修方面的支出以及活动场地、交通工具的租金支出等，用于文体活动优胜者的奖励支出，用于文体活动中必要的伙食补助费。

宣传活动支出。用于基层工会开展重点工作、重大主题和重大节日宣传活动所需的材料消耗、场地租金、购买服务等方面的支出，用于培育和践行社会主义核心价值观，弘扬劳模精神、劳动精神、工匠精神等经常性宣传活动方面的支出，用于基层工会开展或参加上级工会举办的知识竞赛、宣讲、演讲比赛、展览等宣传活动支出。

劳模职工疗休养支出。用于基层工会组织和开展的劳动模范和先进职工疗休养活动的公杂费等补助。

会员活动支出。用于基层工会组织会员观看电影、文艺演出、开展春游秋游，为会员购买当地公园年票等的支出。用于基层工会在重大节日（传统节日）和会员生日、婚丧嫁娶、退休离岗的慰问支出。

基层工会在重大节日（传统节日）可以向全体会员发放节日慰问品。重大节日（传统节日）是指国家规定的法定节日（新年、春节、清明节、劳动节、端午节、中秋节和国庆节）和经自治区以上人民政府批准设立的少数民族节日。节日慰问品原则上为符合中国传统节日习惯的用品和职工群众必需的生活用品等。

其他活动支出。用于工会开展的其他活动的各项支出。

（2）职工服务支出

职工服务支出是指基层工会开展职工劳动和技能竞赛活动、职工创新活动、建家活动、职工书屋、职工互助保障、心理咨询等工作发生的支出。

劳动和技能竞赛活动支出。用于基层工会开展合理化建议、技术革新、发明创造、岗位练兵、技术比武、技术培训等劳动和技能竞赛活动支出及其奖励支出。

建家活动支出。用于基层工会组织建设、建家活动方面的支出。

职工创新活动支出。用于基层工会开展的劳模和工匠人才创新工作、职工创新工作活动发生的支出。

职工书屋活动支出。用于基层工会为建设职工书屋而发生的图书购置以及维护的支出。

其他服务支出。用于基层工会开展会员和职工普惠制服务、心理咨询、互助保障等其他方面的支出。

(3) 维权支出

维权支出是指基层工会用于维护职工权益的支出。包括：

劳动关系协调支出。用于基层工会推进创建劳动关系和谐企业活动、加强劳动争议调解和队伍建设、开展劳动合同咨询活动、集体合同示范文本印制与推广等方面的支出。

劳动保护支出。用于基层工会开展群众性安全生产和职业病防治活动、加强群众安全监督检查员队伍建设、开展职工心理健康维护等以促进安全健康生产、保护职工生命安全为宗旨开展的职工劳动保护发生的支出。

法律援助支出。用于基层工会向职工群众提供法律咨询、法律服务等发生的支出。

困难职工帮扶支出。用于基层工会对困难职工提供资金和物质帮助等发生的支出。

送温暖支出。用于基层工会开展春送岗位、夏送清凉、金秋助学和送温暖等活动发生的支出。

其他维权支出。用于基层工会补助职工等其他方面的维权支出。

(4) 业务支出

业务支出是指基层工会培训工会干部、加强自身建设以及开展业务工作发生的各项支出。包括：

培训支出。用于基层工会开展工会干部和积极分子培训发生的支出。

会议支出。用于基层工会代表大会、委员会、经审会以及其他专业工作会议的各项支出。

专项业务支出。用于基层工会开展基层工会组织建设所发生的支出，用于基层工会开展专题调研所发生的支出，用于基层工会开展女职工工作性支出，用于基层工会开展外事活动方面的支出。

其他业务支出。用于基层工会发放由省级工会制定标准的兼职工会干部和专职社会化工会工作者补贴，用于经上级批准评选表彰的优秀工会干部和积极分子的奖励支出，用于基层工会必要的办公费、差旅费，用于基层工会支付代理记账、中介机构审计等购买服务方面的支出。

(5) 资本性支出

资本性支出是指基层工会从事工会建设工程、设备工具购置、大型修缮和信息网络购建而发生的支出。

(6) 对附属单位的支出

对附属单位的支出是指基层工会对独立核算的附属企事业单位的补助。

(7) 其他支出

其他支出是指基层工会除上述支出以外的其他各项支出。包括：资产盘亏、固定资产处置净损失、捐赠、赞助等。

根据《中华人民共和国工会法》的有关规定，基层工会专职工作人员的工资、奖励、补贴由所在单位承担。基层工会办公和开展活动必要的设施和活动场所等物质条件由所在单位提供，所在单位保障不足且基层工会能够承担的，可以工会经费适当补充。

(二) 预算编制与审批

1. 预算编制

基层工会应根据上级工会的要求，结合本单位实际，制订年度工会工作计划。

基层工会应按照上级工会规定的经费开支标准，科学测算完成工作计划的资金需求，统筹落实各项收入，准确编制工会经费年度预算。

基层工会应根据本单位实有会员全年工资收入和全国总工会确定的缴交比例，计算会费收入，编列会费收入预算。

基层工会应根据本单位全部职工工资总额的2%计算拨缴工会经费总额。其中：属于基层工会分成的拨缴经费列入本单位拨缴经费收入预算；属于应上缴上级工会的拨缴经费不纳入基层工会预算管理。

基层工会应将对外投资收益、所属独立核算的企事业单位上缴的收入、非独立核算的企事业单位的各项收入和其他收入纳入预算管理。其中：对外投资收益和所属独立核算的企事业单位上缴的收入以双方协议约定金额为预算数。

基层工会应根据上级工会确定的专项工作，参考上年经费补助标准，编列上级工会补助收入预算。

基层工会在会费收入、拨缴经费收入、上级工会补助收入、附属单位上缴收入、投资收益和其他收入等当年预算收入不能满足完成全年工作任务资金需求的情况下，应优先动用以前年度结余资金进行弥补。结余资金不足的，可向单位申请行政补助，编列基层工会行政补助收入预算。

基层工会不得编制赤字预算。

2. 预算审批

基层工会年度收支预算经必要程序审查、批准后报上一级工会备案。

上一级工会认为基层工会预算与法律法规、上级工会预算编制要求不符的，有权提出修订意见，基层工会应予调整。

（三）预算执行与调整

1. 预算执行

经批准的预算是基层工会预算执行的依据。基层工会不得无预算、超预算列支各项支出。

基层工会应根据经批准的年度支出预算和年度工作任务安排，合理安排支出进度，严格预算资金使用。

基层工会各项支出实行工会委员会集体领导下的主席负责制，重大收支需集体研究决定。

2. 预算调整

基层工会预算一经批准，原则上不得随意调整。确因工作需要调整预算的，需详细说明调整原因、预算资金来源等，经必要程序审查、批准后报上级工会备案。

因上级工会增加不需要本工会配套资金的补助而引起的预算收支变化，不需要履行预算调整程序。

基层工会在预算执行过程中对原实施方案进行调整优化，导致支出内容调整但不改变原预算总额的，不属于预算调整，不需要履行预算调整程序。

具备条件的基层工会应全面实施预算绩效管理。

（四）决算

年度终了基层工会应按照真实、准确、完整、及时的原则，根据上级工会的要求，编制本单位年度收支决算。基层工会所属独立核算事业单位和独立核算企业年度收支决算（或会计报告）的编制，按照《工会决算报告制度》的有关规定执行。

基层工会决算经必要程序审查、批准后报上一级工会备案。

上一级工会认为基层工会决算与法律法规、上级工会决算编制要求不符的，有权提出修订意见，下级工会应予调整。基层工会应严格执行会计档案管理的有关规定，加强预算、决算的档案管理。

（五）监督检查

省级工会负责本地区、本行业工会经费收支预（决）算的监督管理，督促省以下各级工会建立健全工作机制。

基层工会经费收支预（决）算编制和预算执行情况应接受同级工会经费审查委员会审查审计监督，同时接受上级工会和上级工会经费审查委员会的审计监督，并依法接受国家审计监督。

基层工会预（决）算应向全体工会会员公开。

第三节　基层工会经费收支管理

（一）基层工会经费收入

1. 基层工会经费收入范围

基层工会经费收入范围包括：

（1）会费收入。会费收入是指工会会员依照全国总工会规定按本人工资收入的5‰向所在基层工会缴纳的会费。

（2）拨缴经费收入。拨缴经费收入是指建立工会组织的单位按全部职工工资总额2%依法向工会拨缴的经费中的留成部分。

（3）上级工会补助收入。上级工会补助收入是指基层工会收到的上级工会拨付的各类补助款项。

（4）行政补助收入。行政补助收入是指基层工会所在单位依法对工会组织给予的各项经费补助。

（5）事业收入。事业收入是指基层工会独立核算的所属事业单位上缴的收入和非独立核算的附属事业单位的各项事业收入。

（6）投资收益。投资收益是指基层工会依据相关规定对外投资取得的收益。

（7）其他收入。其他收入是指基层工会取得的资产盘盈、固定资产处置净收入、接受捐赠收入和利息收入等。

2. 基层工会经费收入管理

基层工会应加强对各项经费收入的管理。要按照会员工资收入和规定的比例，按时收取全部会员应交的会费。要严格按照国家统计局公布的职工工资总额口径和所在省级工会规定的分成比例，及时足额拨缴工会经费；实行财政划拨或委托税务代收部分工会经费的基层工会，应加强与本单位党政部门的沟通，依法足额落实基层工会按照省级工会确定的留成比例应当留成的经费。要统筹安排行政补助收入，按照预算确定的用途开支，不得将与工会无关的经费以行政补助名义纳入账户管理。

（二）工会经费支出

1. 基层工会经费支出范围

基层工会经费主要用于为职工服务和开展工会活动。

基层工会经费支出范围包括：职工活动支出、维权支出、业务支出、资本性支出、事业支出和其他支出。

2. 职工活动支出

职工活动支出是指基层工会组织开展职工教育、文体、宣传等活动所发生的支出和工会组织的职工集体福利支出。包括：

（1）职工教育支出。用于基层工会举办政治、法律、科技、业务等专题培训和职工技能培训所需的教材资料、教学用品、场地租金等方面的支出，用于支付职工教育活动聘请授课人员的酬金，用于基层工会组织的职工素质提升补助和职工教育培训优秀学员的奖励。

对优秀学员的奖励应以精神鼓励为主、物质激励为辅。授课人员酬金标准参照国家有关规定执行。

（2）文体活动支出。用于基层工会开展或参加上级工会组织的职工业余文体活动所需器材、服装、用品等购置、租赁与维修方面的支出以及活动场地、交通工具的租金支出等，用于文体活动优胜者的奖励支出，用于文体活动中必要的伙食补助费。

文体活动奖励应以精神鼓励为主、物质激励为辅。奖励范围不得超过参与人数的三分之二；不设置奖项的，可为参加人员发放少量纪念品。

文体活动中开支的伙食补助费，不得超过当地差旅费中的伙食补助标准。

基层工会可以用会员会费组织会员观看电影、文艺演出和体育比赛等，开展春游秋游，为会员购买当地公园年票。会费不足部分可以用工会经费弥补，弥补部分不超过基层工会当年会费收入的三倍。

基层工会组织会员春游秋游应当日往返，不得到有关部门明令禁止的风景名胜区开展春游秋游活动。

（3）宣传活动支出。用于基层工会开展重点工作、重大主题和重大节日宣传活动所需的材料消耗、场地租金、购买服务等方面的支出，用于培育和践行社会主义核心价值观，弘扬劳模精神和工匠精神等经常性宣传活动方面的支出，用于基层工会开展或参加上级工会举办的知识竞赛、宣讲、演讲比赛、展览等宣传活动支出。

（4）职工集体福利支出。用于基层工会逢年过节和会员生日、婚丧嫁娶、退休离岗的慰问支出等。

基层工会逢年过节可以向全体会员发放节日慰问品。逢年过节的年节是指国家规定的法定节日（即：新年、春节、清明节、劳动节、端午节、中秋节和国庆节）和经自治区以上人民政府批准设立的少数民族节日。节日慰问品原则上为符合中国传统节日习惯的用品和职工群众必需的生活用品等，基层工会可结合实际采取便捷灵活的发放方式。

工会会员生日慰问可以发放生日蛋糕等实物慰问品，也可以发放指定蛋糕店的蛋糕券。

工会会员结婚生育时，可以给予一定金额的慰问品。工会会员生病住院、工会会员或其直系亲属去世时，可以给予一定金额的慰问金。

工会会员退休离岗，可以发放一定金额的纪念品。

（5）其他活动支出。用于工会组织开展的劳动模范和先进职工疗休养补贴等其他活动支出。

3. 维权支出

维权支出是指基层工会用于维护职工权益的支出。包括：劳动关系协调费、劳动保护费、法律援助费、困难职工帮扶费、送温暖费和其他维权支出。

（1）劳动关系协调费。用于推进创建劳动关系和谐企业活动、加强劳动争议调解和队伍建设、开展劳动合同咨询活动、集体合同示范文本印制与推广等方面的支出。

（2）劳动保护费。用于基层工会开展群众性安全生产和职业病防治活动、加强群监员队伍建设、开展职工心理健康维护等促进安全健康生产、保护职工生命安全为宗旨开展职工劳动保护发生的支出等。

（3）法律援助费。用于基层工会向职工群众开展法治宣传、提供法律咨询、法律服务等发生的支出。

（4）困难职工帮扶费。用于基层工会对困难职工提供资金和物质帮助等发生的支出。

工会会员本人及家庭因大病、意外事故、子女就学等原因致困时，基层工会可给予一定金额的慰问。

（5）送温暖费。用于基层工会开展春送岗位、夏送清凉、金秋助学和冬送温暖等活动发生的支出。

（6）其他维权支出。用于基层工会补助职工和会员参加互助互济保障活动等其他方面的维权支出。

4. 业务支出

业务支出是指基层工会培训工会干部、加强自身建设以及开展业务工作发生的各项支出。包括：

（1）培训费。用于基层工会开展工会干部和积极分子培训发生的支出。开支范围和标准以有关部门制定的培训费管理办法为准。

（2）会议费。用于基层工会会员大会或会员代表大会、委员会、常委会、经费审查委员会以及其他专业工作会议的各项支出。开支范围和标准以有关部门制定的会议费管理办法为准。

（3）专项业务费。用于基层工会开展基层工会组织建设、建家活动、劳模和工匠人才创新工作室、职工创新工作室等创建活动发生的支出，用于基层工会开办的图书馆、阅览室和职工书屋等职工文体活动阵地所发生的支出，用于基层工会开展专题调研所发生的支出，用于基层工会开展女职工工作性支出，用于基层工会开展外事活动方面的支出，用于基层工会组织开展合理化建议、技术革新、发明创造、岗位练兵、技术比武、技术培训等劳动和技能竞赛活动支出及其奖励支出。

（4）其他业务支出。用于基层工会发放兼职工会干部和专职社会化工会工作者补贴，用于经上级批准评选表彰的优秀工会干部和积极分子的奖励支出,用于基层工会必要的办公费、差旅费,用于基层工会支付代理记账、中介机构审计等购买服务方面的支出。

基层工会兼职工会干部和专职社会化工会工作者发放补贴的管理办法由省级工会制定。

5. 资本性支出

资本性支出是指基层工会从事工会建设工程、设备工具购置、大型修缮和信息网络购建而发生的支出。

6. 事业支出

事业支出是指基层工会对独立核算的附属事业单位的补助和非独立核算的附属事业单位的各项支出。

7. 其他支出

其他支出是指基层工会除上述支出以外的其他各项支出。包括:资产盘亏、固定资产处置净损失、捐赠、赞助等。

根据《中华人民共和国工会法》的有关规定,基层工会专职工作人员的工资、奖励、补贴由所在单位承担,基层工会办公和开展活动必要的设施和活动场所等物质条件由所在单位提供。所在单位保障不足且基层工会经费预算足以保证的前提下,可以用工会经费适当弥补。

(三)财务管理

基层工会主席对基层工会会计工作和会计资料的真实性、完整性负责。

基层工会应根据国家和全国总工会的有关政策规定以及上级工会的要求,制订年度工会工作计划,依法、真实、完整、合理地编制工会经费年度预算,依法履行必要程序后报上级工会批准。严禁无预算、超预算使用工会经费。年度预算原则上一年调整一次，调整预算的编制审批程序与预算编制审批程序一致。

基层工会应根据批准的年度预算，积极组织各项收入，合理安排各项支出，并严格按照《工会会计制度》的要求，科学设立和登记会计账簿，准确办理经费收支核算，定期向工会委员会和经费审查委员会报告预算执行情况。基层工会经费年度财务决算需报上级工会审批。

基层工会应加强财务管理制度建设，健全完善财务报销、资产管理、资金使用等内部管理制度。基层工会应依法组织工会经费收入，严格控制工会经费支出，各项收支实行工会委员会集体领导下的主席负责制，重大收支须集体研究决定。

基层工会应根据自身实际科学设置会计机构、合理配备会计人员，真实、完整、准确、及时反映工会经费收支情况和财务管理状况。具备条件的基层工会，应当设置会计机构或在有关机构中设置专职会计人员；不具备条件的，由设立工会财务结算中心的乡镇（街道）、开发区（工业园区）工会实行集中核算，分户管理，或者委托本单位财务部门或经批准设立从事会计代理记账业务的中介机构或聘请兼职会计人员代理记账。

第四节 工会会计管理

工会会计是核算、反映、监督工会预算执行和经济活动的专业会计。工会依法建立独立的会计核算管理体系，与工会预算管理体制相适应。

县级以上工会应当设置会计机构，配备专职会计人员。基层工会应当根据会计业务的需要设置会计机构或者在有关机构中设置会计人员并指定会计主管人员；不具备设置条件的，应当委托经批准设立从事代理记账业务的中介机构代理记账。

（一）一般原则

工会提供的会计信息应当符合工会管理工作的要求，满足会计信息使用者的需要，满足本级工会加强财务管理的需要。

工会应当以实际发生的经济业务或者事项为依据进行会计处理，如实反映工会财务状况和收支情况等信息，保证会计信息真实可靠、内容完整。

工会提供的会计信息应当清晰明了，便于理解和使用。

工会会计处理应当采用规定的会计政策，前后各期一致，不得随意变更，以确保会计信息口径一致，相互可比。

工会会计处理应当遵循重要性原则。对于重要的经济业务或者事项，应当单独反映。

工会应当对已经发生的经济业务或者事项及时进行会计处理和报告，不得提前或者延后。

工会应当对指定用途的资金按规定的用途专款专用，并单独反映。

工会在发生会计政策变更、会计估计变更和会计差错更正时，除《工会会计制度》另有规定外，一般采用未来适用法进行会计处理。会计政策，是指工会在会计核算时所遵循的特定原则、基础以及所采用的具体会计处理方法。会计估计，是指工会对结果不确定的经济业务或者事项以最近可利用的信息为基础所作的判断，如固定资产、无形资产的预计使用年限等。会计差错，是指工会在会计核算时，在确认、计量、记录、报告等方面出现的错误，通常包括计算或记录错误、应用会计政策错误、疏忽或曲解事实产生的错误、财务舞弊等。未来适用法，是指将变更后的会计政策应用于变更当期及以后各期发生的经济业务或者事项，或者在会计估计变更当期和未来期间确认会计估计变更的影响的方法。

(二) 资产

资产是工会过去的经济业务或者事项形成的，由工会控制的，预期能够产生服务潜力或者带来经济利益流入的经济资源。服务潜力是指工会利用资产提供公共产品和服务以履行工会职能的潜在能力。经济利益流入表现为现金及现金等价物的流入，或者现金及现金等价物流出的减少。工会的资产包括流动资产、在建工程、固定资产、无形资产、投资和长期待摊费用等。

工会对符合上述规定的资产定义的经济资源，在同时满足以下条件时，应当确认为资产：(1) 与该经济资源相关的服务潜力很可能实现或者经济利益很可能流入工会；(2) 该经济资源的成本或者价值能够可靠地计量。符合资产定义并确认的资产项目，应当列入资产负债表。

工会的资产按照国家有关规定依法确认为国有资产的，应当作为国有资产登记入账；依法确认为工会资产的，应当作为工会资产登记入账。

工会的资产在取得时应当按照实际成本计量。除国家另有规定外，工会不得自行调整其账面价值。对于工会接受捐赠的现金资产，应当按照实际收到的金额入账。对于工会接受捐赠、无偿调入的非现金资产，其成本按照有关凭据注明的金额加上相关税费、运输费等确定；没有相关凭据、但按照规定经过资产评估的，其成本按照评估价值加上相关税费、运输费等确定；没有相关凭据、也未经过评估的，其成本比照同类或类似资产的价格加上相关税费、运输费等确定。如无法采用上述方法确定资产成本的，按照名义金额（人民币1元）入账，相关税费、运输费等计入当期支出。

1. 流动资产

流动资产是指预计在一年内（含一年）变现或者耗用的资产。主要包括货币资金、应收款项和库存物品等。

（1）货币资金

货币资金包括库存现金、银行存款等。

货币资金应当按照实际发生额入账。工会应当设置库存现金和银行存款日记账，按照业务发生顺序逐日逐笔登记。库存现金应当做到日清月结，其账面余额应当与库存数相符；银行存款的账面余额应当与银行对账单定期核对，如有不符，应当编制银行存款余额调节表调节相符。

工会发生外币业务的，应当按照业务发生当日的即期汇率，将外币金额折算为人民币金额记账，并登记外币金额和汇率。期末，各种外币账户的期末余额，应当按照期末的即期汇率折算为人民币，作为外币账户期末人民币余额。调整后的各种外币账户人民币余额与原账面余额的差额，作为汇兑损益计入当期支出。

（2）应收款项

应收款项包括应收上级经费、应收下级经费和其他应收款等。

应收上级经费是本级工会应收未收的上级工会应拨付（或转拨）的工会拨缴经费和补助。

应收下级经费是县级以上工会应收未收的下级工会应上缴的工会拨缴经费。

其他应收款是工会除应收上下级经费以外的其他应收及暂付款项。

应收款项应当按照实际发生额入账。年末，工会应当分析各项应收款项的可收回性，对于确实不能收回的应收款项应报经批准认定后及时予以核销。

（3）库存物品

库存物品指工会取得的将在日常活动中耗用的材料、物品及达不到固定资产标准的工具、器具等。

库存物品在取得时应当按照其实际成本入账。工会购入、有偿调入的库存物品以实际支付的价款记账。工会接受捐赠、无偿调入的库存物品按照上述规定所确定的成本入账。

库存物品在发出（领用或出售等）时，工会应当根据实际情况在先进先出法、加权平均法、个别计价法中选择一种方法确定发出库存物品的实际成本。库存物品发出方法一经选定，不得随意变更。

工会应当定期对库存物品进行清查盘点，每年至少全面盘点一次。对于盘盈、盘亏或报废、毁损的库存物品，应当及时查明原因，报经批准认定后及时进行会计处理。

工会盘盈的库存物品应当按照确定的成本入账，报经批准后相应增加资产基金；盘亏的库存物品，应当冲减其账面余额，报经批准后相应减少资产基金。对于报废、毁损的库存物品，工会应当冲减其账面余额，报经批准后相应减少资产基金，清理中取得的变价收入扣除清理费用后的净收入（或损失）计入当期收入（或支出），按规定应当上缴财政的计入其他应付款。

2. 固定资产

固定资产是指工会使用年限超过一年（不含一年），单位价值在规定标准以上，并在使用过程中基本保持原有物质形态的资产，一般包括：房屋及构筑物；专用设备；通用设备；文物和陈列品；图书、档案；家具、用具、装具及动植物。

通用设备单位价值在 1000 元以上，专用设备单位价值在 1500 元以上的，应当确认为固定资产。单位价值虽未达到规定标准，但是使用时间超过一年（不含一年）的大批同类物资，应当按照固定资产进行核算和管理。

（1）固定资产入账

固定资产在取得时应当按照其实际成本入账。

工会购入、有偿调入的固定资产，其成本包括实际支付的买价、运输费、保险费、安装费、装卸费及相关税费等。

工会自行建造的固定资产，其成本包括该项资产至交付使用前所发生的全部必要支出。

工会接受捐赠、无偿调入的固定资产，按照《工会会计制度》第二十七条规定所确定的成本入账。

工会在原有固定资产基础上进行改建、扩建、大型修缮后的固定资产，其成本按照原固定资产账面价值加上改建、扩建、大型修缮发生的支出，再扣除固定资产被替换部分的账面价值后的金额确定。

已交付使用但尚未办理竣工决算手续的固定资产，工会应当按照估计价值入账，待办理竣工决算后再按照实际成本调整原来的暂估价值。

（2）会计核算

在建工程是工会已经发生必要支出，但尚未交付使用的建设项目工程。工会作为建设单位的基本建设项目应当按照本制度规定统一进行会计核算。

工会对在建工程应当按照实际发生的支出确定其工程成本，并单独核算。在建工程的工程成本应当根据以下具体情况分别确定：

第一，对于自营工程，按照直接材料、直接人工、直接机械施工费等确定其成本。

第二，对于出包工程，按照应支付的工程价款等确定其成本。

第三，对于设备安装工程，按照所安装设备的价值、工程安装费用、工程试运转等所发生的支出等确定其成本。

建设项目完工交付使用时，工会应当将在建工程成本转入固定资产等进行核算。

（3）固定资产计提折旧

工会应当对固定资产计提折旧，但文物和陈列品，动植物，图书、档案，单独计价入账的土地和以名义金额计量的固定资产除外。

工会应当根据相关规定以及固定资产的性质和使用情况，合理确定固定资产的使用年限。固定资产的使用年限一经确定，不得随意变更。

工会一般应当采用年限平均法或者工作量法计提固定资产折旧，计提折旧时不考虑预计净残值。在确定固定资产折旧方法时，应当考虑与固定资产相关的服务潜力或经济利益的预期实现方式。固定资产的折旧方法一经确定，不得随意变更。

工会应当按月对固定资产计提折旧。当月增加的固定资产，当月计提折旧；当月减少的固定资产，当月不再计提折旧。固定资产提足折旧后，无论是否继续使用，均不再计提折旧；提前报废的固定资产，也不再补提折旧。

固定资产因改建、扩建或大型修缮等原因而延长其使用年限的，工会应当按照重新确定的固定资产成本以及重新确定的折旧年限计算折旧额。

工会应当对暂估入账的固定资产计提折旧，实际成本确定后不需调整原已计提的折旧额。

（4）固定资产处置（出售）

工会处置（出售）固定资产时，应当冲减其账面价值并相应减少资产基金，处置中取得的变价收入扣除处置费用后的净收入

（或损失）计入当期收入（或支出），按规定应当上缴财政的计入其他应付款。

（5）固定资产进行清查盘点

工会应当定期对固定资产进行清查盘点，每年至少全面盘点一次。对于盘盈、盘亏或报废、毁损的固定资产，工会应当及时查明原因，报经批准认定后及时进行会计处理。

工会盘盈的固定资产，应当按照确定的成本入账，报经批准后相应增加资产基金；盘亏的固定资产，应当冲减其账面余额，报经批准后相应减少资产基金。对于报废、毁损的固定资产，工会应当冲减其账面余额，报经批准后相应减少资产基金，清理中取得的变价收入扣除清理费用后的净收入（或损失）计入当期收入（或支出），按规定应当上缴财政的计入其他应付款。

3. 无形资产

无形资产是指工会控制的没有实物形态的可辨认非货币性资产，包括专利权、商标权、著作权、土地使用权、非专利技术等。工会购入的不构成相关硬件不可缺少组成部分的应用软件，应当确认为无形资产。

（1）无形资产入账

无形资产在取得时应当按照其实际成本入账。

工会外购的无形资产，其成本包括购买价款、相关税费以及可归属于该项资产达到预定用途前所发生的其他支出。工会委托软件公司开发的软件，视同外购无形资产确定其成本。

工会接受捐赠、无偿调入的无形资产，按照《工会会计制度》第二十七条规定所确定的成本入账。

对于非大批量购入、单价小于1000元的无形资产，工会可以于购买的当期将其成本直接计入支出。

（2）无形资产摊销

工会应当按月对无形资产进行摊销，使用年限不确定的、以名义金额计量的无形资产除外。

工会应当按照以下原则确定无形资产的摊销年限：法律规定了有效年限的，按照法律规定的有效年限作为摊销年限；法律没有规定有效年限的，按照相关合同中的受益年限作为摊销年限；上述两种方法无法确定有效年限的，应当根据无形资产为工会带来服务潜力或者经济利益的实际情况，预计其使用年限。

工会应当采用年限平均法或工作量法对无形资产进行摊销，应摊销金额为其成本，不考虑预计净残值。

工会应当按月进行摊销。当月增加的无形资产，当月进行摊销；当月减少的无形资产，当月不再进行摊销。无形资产提足摊销后，无论是否继续使用，均不再进行摊销；核销的无形资产，也不再补提摊销。

因发生后续支出而增加无形资产成本的，对于使用年限有限的无形资产，工会应当按照重新确定的无形资产成本以及重新确定的摊销年限计算摊销额。

（3）无形资产处置（出售）

工会处置（出售）无形资产时，应当冲减其账面价值并相应减少资产基金，处置中取得的变价收入扣除处置费用后的净收入（或损失）计入当期收入（或支出），按规定应当上缴财政的计入其他应付款。

（4）无形资产清查盘点

工会应当定期对无形资产进行清查盘点，每年至少全面盘点一次。工会在资产清查盘点过程中发现的无形资产盘盈、盘亏等，参照本制度固定资产相关规定进行处理。

4. 其他资产

（1）投资

投资是指工会按照国家有关法律、行政法规和工会的相关规定，以货币资金、实物资产等方式向其他单位的投资。投资按其流动性分为短期投资和长期投资；按其性质分为股权投资和债权投资。

投资在取得时应当按照其实际成本入账。工会以货币资金方式对外投资的，以实际支付的款项（包括购买价款以及税金、手续费等相关税费）作为投资成本记账。工会以实物资产和无形资产方式对外投资的，以评估确认或合同、协议确定的价值记账。

对于投资期内取得的利息、利润、红利等各项投资收益，工会应当计入当期投资收益。

工会处置（出售）投资时，实际取得价款与投资账面余额的差额，应当计入当期投资收益。

对于因被投资单位破产、被撤销、注销、吊销营业执照或者被政府责令关闭等情况造成难以收回的未处置不良投资，工会应当在报经批准后及时核销。

（2）长期待摊费用

长期待摊费用是工会已经支出，但应由本期和以后各期负担的分摊期限在一年以上（不含一年）的各项支出，如对以经营租赁方式租入的固定资产发生的改良支出等。

长期待摊费用应当在对应资产的受益年限内平均摊销。如果某项长期待摊费用已经不能使工会受益，应当将其摊余金额一次性转销。

（三）负债

负债是指工会过去的经济业务或者事项形成的，预期会导致经济资源流出的现时义务。现时义务是指工会在现行条件下已承担的义务。未来发生的经济业务或者事项形成的义务不属于现时义务，不应当确认为负债。工会的负债包括应付职工薪酬、应付款项等。

工会对于符合上述规定的现时义务，在同时满足以下条件时，应当确认为负债：（1）履行该义务很可能导致含有服务潜力或者经济利益的经济资源流出工会；（2）该义务的金额能够可靠计量。符合负债定义并确认的负债项目，应当列入资产负债表。

1. 应付职工薪酬

应付职工薪酬是工会按照国家有关规定应付给本单位职工及为职工支付的各种薪酬，包括基本工资、国家统一规定的津贴补贴、规范津贴补贴（绩效工资）、改革性补贴、社会保险费（如职工基本养老保险费、职业年金、基本医疗保险费等）和住房公积金等。

2. 应付款项

应付款项包括应付上级经费、应付下级经费和其他应付款。

应付上级经费指本级工会按规定应上缴上级工会的工会拨缴经费。

应付下级经费指本级工会应付下级工会的各项补助以及应转拨下级工会的工会拨缴经费。

其他应付款指除应付上下级经费之外的其他应付及暂存款项，包括工会按规定收取的下级工会筹建单位交来的建会筹备金等。

工会的各项负债应当按照实际发生额入账。

（四）净资产

净资产是指工会的资产减去负债后的余额，包括资产基金、专用基金、工会资金结转、工会资金结余、财政拨款结转、财政拨款结余和预算稳定调节基金。

1. 资产基金

资产基金指工会库存物品、固定资产、在建工程、无形资产、投资和长期待摊费用等非货币性资产在净资产中占用的金额。

资产基金应当在取得库存物品、固定资产、在建工程、无形资产、投资及发生长期待摊费用时确认。资产基金应当按照实际发生额入账。

2. 专用基金

专用基金指县级以上工会按规定依法提取和使用的有专门用途的基金。

工会提取专用基金时，应当按照实际提取金额计入当期支出；使用专用基金时，应当按照实际支出金额冲减专用基金余额；专用基金未使用的余额，可以滚存下一年度使用。

3. 工会资金结转

工会资金结转是指工会预算安排项目的支出年终尚未执行完毕或者因故未执行，且下年需要按原用途继续使用的工会资金。

工会资金结余是指工会年度预算执行终了，预算收入实际完成数扣除预算支出和工会结转资金后剩余的工会资金。

4. 财政拨款结转

财政拨款结转是指县级以上工会预算安排项目的支出年终尚未执行完毕或者因故未执行，且下年需要按原用途继续使用的财政拨款资金。

财政拨款结余是指县级以上工会年度预算执行终了，预算收入实际完成数扣除预算支出和财政拨款结转资金后剩余的财政拨款资金。

5. 预算稳定调节基金

预算稳定调节基金是县级以上工会为平衡年度预算按规定设

置的储备性资金。

（五）收入

收入是指工会根据工会法以及有关政策规定开展业务活动所取得的非偿还性资金。收入按照来源分为会费收入、拨缴经费收入、上级补助收入、政府补助收入、行政补助收入、附属单位上缴收入、投资收益和其他收入。

会费收入指工会会员依照规定向基层工会缴纳的会费。

拨缴经费收入指基层单位行政拨缴、下级工会按规定上缴及上级工会按规定转拨的工会拨缴经费中归属于本级工会的经费。

上级补助收入指本级工会收到的上级工会补助的款项，包括一般性转移支付补助和专项转移支付补助。

政府补助收入指各级人民政府按照工会法和国家有关规定给予县级以上工会的补助款项。

行政补助收入指基层工会取得的所在单位行政方面按照工会法和国家有关规定给予工会的补助款项。

附属单位上缴收入指工会所属的企事业单位按规定上缴的收入。

投资收益指工会对外投资发生的损益。

其他收入指工会除会费收入、拨缴经费收入、上级补助收入、政府补助收入、行政补助收入、附属单位上缴收入和投资收益之外的各项收入。

工会各项收入应当按照实际发生额入账。

（六）支出

支出是指工会为开展各项工作和活动所发生的各项资金耗费和损失。支出按照功能分为职工活动支出、职工活动组织支出、职工服务支出、维权支出、业务支出、行政支出、资本性支出、补助下级支出、对附属单位的支出和其他支出。

职工活动支出指基层工会开展职工教育活动、文体活动、宣传活动、劳模疗休养活动、会员活动等发生的支出。

职工活动组织支出指县级以上工会组织开展职工教育活动、文体活动、宣传活动和劳模疗休养活动等发生的支出。

职工服务支出指工会开展职工劳动和技能竞赛活动、职工创新活动、建家活动、职工书屋、职工互助保障、心理咨询等工作发生的支出。

维权支出指工会用于维护职工权益的支出，包括劳动关系协调、劳动保护、法律援助、困难职工帮扶、送温暖和其他维权支出。

业务支出指工会培训工会干部、加强自身建设及开展业务工作发生的各项支出。

行政支出指县级以上工会为行政管理、后勤保障等发生的各项日常支出。

资本性支出指工会从事建设工程、设备工具购置、大型修缮和信息网络购建等而发生的实际支出。

补助下级支出指县级以上工会为解决下级工会经费不足或根据有关规定给予下级工会的各类补助款项。

对附属单位的支出指工会按规定对所属企事业单位的补助。

其他支出指工会除职工活动支出、职工活动组织支出、职工服务支出、维权支出、业务支出、行政支出、资本性支出、补助下级支出和对附属单位的支出以外的各项支出。

工会各项支出应当按照实际发生额入账。

（七）财务报表

工会财务报表是反映各级工会财务状况、业务活动和预算执行结果的书面文件。工会财务报表是各级工会领导、上级工会及其他财务报表使用者了解情况、掌握政策、指导工作的重要资料。

工会财务报表包括会计报表和附注。会计报表分为主表和附表，主表包括资产负债表和收入支出表，附表包括财政拨款收入支出表、国有资产情况表和成本费用表。

资产负债表，是反映工会某一会计期末全部资产、负债和净资产情况的报表。

收入支出表，是反映工会某一会计期间全部收入、支出及结转结余情况的报表。

财政拨款收入支出表，是反映县级以上工会某一会计期间从同级政府财政部门取得的财政拨款收入、支出及结转结余情况的报表。

国有资产情况表，是反映县级以上工会某一会计期间持有的国有资产情况的报表。

成本费用表，是反映县级以上工会某一会计期间成本费用情况的报表。

附注是对在资产负债表、收入支出表等报表中列示项目所作的进一步说明，以及未能在这些报表中列示项目的说明。

工会财务报表分为年度财务报表和中期财务报表。以短于一个完整的会计年度的期间（如半年度、季度和月度）编制的财务报表称为中期财务报表。年度财务报表是以整个会计年度为基础编制的财务报表。

工会要负责对所属单位财务报表和下级工会报送的年度财务报表进行审核、核批和汇总工作，定期向本级工会领导和上级工会报告本级工会预算执行情况。

工会财务报表要根据登记完整、核对无误的账簿记录和其他有关资料编制，做到数字准确、内容完整、报送及时。工会财务报表应当由各级工会的法定代表人和主管会计工作的负责人、会计机构负责人（会计主管人员）签名并盖章。

第五节　工会送温暖资金使用管理工作

送温暖资金是各级工会认真履行维护职工合法权益、竭诚服务职工群众的基本职责，筹集社会各方面资源，对职工开展帮扶困难、走访慰问的资金。

送温暖资金坚持资金使用规范、精准、高效、安全原则，支出方向既体现物质帮扶、脱贫解困，又体现人文关怀、心灵引导。

（一）资金的来源、使用对象及标准

1. 资金的来源

送温暖资金的主要来源是：

（1）各级财政拨款。是指各级财政拨付工会使用的用于送温暖活动的专项资金。

（2）上级工会经费补助。是指上级工会用工会经费安排给下级工会用于送温暖活动的专项资金。

（3）本级工会经费列支。是指各级工会在本级工会经费预算中安排的用于送温暖活动的专项资金。

（4）社会捐助资金。是指各级工会向社会募集的用于送温暖活动的资金。

（5）行政拨付。是指基层工会所在单位用行政经费、福利费

等通过工会开展送温暖活动的资金。

（6）其他合法来源。

2. 资金的使用对象

送温暖资金的使用对象：

（1）因非个人意愿下岗失业、家庭收入水平明显偏低、子女教育费用负担过重等原因造成家庭生活困难的职工。

（2）本人或家庭成员因患大病、遭受各类灾害或突发意外等情况造成生活困难的职工。

（3）关停并转等困难企业中，因停发、减发工资而导致生活相对困难的职工。

（4）工伤与职业病致残的职工和因公牺牲职工的家属；因重大疾病手术、住院的职工。

（5）长期在高（低）温、高空、有毒有害等环境中和苦脏累险艰苦行业岗位上工作的一线职工。

（6）重大灾害期间坚守抗灾一线的职工；春节期间坚守在生产一线和交通运输、电力、环卫以及直接面向群众服务的基层岗位干部职工；因组织需要长期异地工作或者服从组织需要赴外地、基层工作的派驻挂职干部职工；在重大项目和重大工程中做出突出贡献的职工；生产一线涌现出来的先进模范人物。

3. 资金的使用标准

各级工会在对建档困难职工做好常态化帮扶、帮助其解困脱困的基础上，在职工发生困难时或重要时间节点对以上职工走访慰问。各级工会要根据实际情况确定走访慰问重点职工群体，并适当考虑关心关爱生活困难的离休、退休的会员。要结合当地居民生活水平和物价指数等因素，科学合理制定慰问标准。

走访慰问职工要坚持实名制发放，实名制表应包括慰问对象的工作单位、基本情况、联系方式、身份证号、慰问金额、经办人签字等有关信息。资金使用情况须录入工会帮扶工作管理系统送温暖管理模块备查。

（二）资金的管理

送温暖资金按照《工会送温暖资金使用管理办法（试行）》规定管理使用，其中财政专项帮扶资金使用于两节期间慰问困难职工的，应同时遵照帮扶资金管理相关规定执行。

工会权益保障部门会同财务部门提出资金的分配和使用方案，经同级工会领导集体研究通过后实施。

送温暖资金纳入各级工会预算、决算统一管理。各级工会年度预算安排时以常态化送温暖为原则，切实保证经费投入。各级工会要拓宽资金筹集渠道，积极争取政府财政支持，探索与慈善组织合作方式，撬动更多的社会资源参与送温暖活动。

送温暖资金按照《工会会计制度》设置会计科目、进行会计核算，严格执行资金审批和财务支付制度。

送温暖资金实行绩效管理，省级工会应当运用好绩效评价结果，并将其作为改进送温暖工作和安排以后年度预算的重要依据。工会审计的制度和办法由中华全国总工会统一制定。

（三）监督检查

各级工会权益保障、财务、经审部门要加大对资金使用管理情况的监督检查，及时发现和纠正存在的问题。经审部门要将送温暖资金纳入年度审计范围。接受政府有关部门审计、检查，接受职工群众和社会的监督。

任何单位或个人不得使用送温暖资金购买明令禁止的物品，不得发放津补贴、奖金、福利，不得用于与规定用途无关的其他事项。不得截留、挪用、冒领，不得优亲厚友、人情帮扶。

各级工会对监督检查中发现违反有关规定的问题,要及时处理。违规问题情节较轻的,要限期整改;涉及违纪的,由纪检监察部门依照有关规定,追究直接责任人和相关领导责任;构成犯罪的,依法移交司法机关处理。

第六节　工会审计

工会坚持经费独立原则,依法建立对工会经费收支、资产管理等全部经济活动的审计监督制度。

工会审计是指各级工会经费审查委员会(以下简称经审会)在同级工会党组织领导下,依照法律法规和《中国工会章程》规定的职责、权限和程序,对工会财务收支、资产管理、内部控制、风险管理等全部经济活动实施独立、客观的监督、评价和建议的活动。

同级工会未建立党组织的,其经审会接受所在单位隶属的党组织领导,向所在单位隶属的党组织报告审计工作。

工会审计实行统一领导、分级管理、分级负责、下审一级的工作体制。

(一)　工会审计机构和人员

1. 机构成立和设置

经审会应当与同级工会委员会同时考察、同时报批、同时选举产生。

经审会向同级工会会员大会或者会员代表大会负责并报告工作;大会闭会期间,向同级工会委员会负责并报告工作。上级经审会对下级经审会进行业务指导和监督考核。

经审会定期向同级工会党组织报告审计工作。

全国总工会、各级地方总工会、独立管理经费的产业工会和机关工会联合会的经费审查委员会办公室（以下简称经审办），作为经审会的日常工作机构，承担工会经费审查审计监督工作。

全国总工会和省、自治区、直辖市总工会以及独立管理经费的全国产业工会经审会，应当设置常务委员会。

全国总工会经审会委员实行替补制。各级地方总工会、独立管理经费的产业工会和机关工会联合会经审会委员也可以实行替补制。

2. 人员产生和队伍建设

经审会委员由政治素质高、业务能力强、具有相关专业知识的工会干部和会员担任并经民主选举产生。县级以上工会经审会委员人数不少于同级工会委员会委员人数的20%，最低不少于5人；基层工会经审会委员人数一般3至11人。经审会委员中具有审计、财会专业知识的人员不少于三分之二。

工会主席、分管财务和资产的副主席、工会财务人员和资产管理人员，不得担任同级工会经审会委员。

工会应当建设信念坚定、为民服务、业务精通、作风务实、敢于担当、清正廉洁的高素质专业化审计队伍。经审会应当加强对审计人员遵守法律法规和履行职责情况的监督，督促审计人员依法履职尽责。

工会审计人员应当具备与其从事审计业务相适应的专业知识和职业能力。

3. 外聘社会中介机构和人员管理

经审会根据工作需要，可以委托具有相应资质的社会中介机构对有关事项进行审计；可以聘请具有审计、财会等专业资格和职业能力的人员参与审计工作。

经审会应当加强对外聘社会中介机构和人员的指导检查、监督评价和质量控制，对审计方案、审计工作底稿、审计报告等进行审核，根据审计工作完成情况，建立考评和退出机制。

4. 工会审计人员履职回避

工会审计人员不得从事可能影响独立、客观履行审计职责的工作，不得参与、干预、插手被审计单位及其相关单位的经济管理活动；在办理审计事项中，与被审计单位或者审计事项有利害关系的应当回避；对在履行职责中知悉的国家秘密、工作秘密、商业秘密、个人隐私和个人信息，应当予以保密，不得泄露或者向他人非法提供。

（二）工会审计职责

1. 审计事项

经审会对本级工会及其所属企事业单位和下一级工会的下列事项进行审计：

（1）贯彻落实党和国家相关重大经济社会政策措施以及全国总工会决策部署情况。

（2）与经济活动有关的发展规划、战略决策、重大措施以及年度业务计划执行情况。

（3）经费预算编制和调整、预算执行、决算草案以及其他财务收支情况。

（4）经费计提和拨缴情况。

（5）专项资金物资的筹措、拨付、管理和使用情况。

（6）资产的管理、使用和处置情况。

（7）本级工会及其所属企事业单位建设项目情况。

（8）本级工会及其所属企事业单位对外投资情况。

（9）内部控制及风险管理情况。

（10）经费使用效益和资产经营效益情况。

（11）撤并时的财务清算情况。

（12）工会管理和委托其他单位管理的社会捐赠资金、各类基金的收支情况。

（13）其他需要审计的有关事项。

以上事项，必要时可以进行延伸审计。

2. 预算执行情况审计

经审会对本级工会预算执行情况要每年审计，对下一级工会预算执行情况的审计至少在本届任期内全覆盖。

经审会对涉及本地区本产业本系统全局的重大项目，有权统一组织开展跨层级、跨区域审计或者专项审计。

3. 经济责任情况审计

经审会接受本级工会干部管理部门的书面委托，对本级工会内部管理的领导人员履行经济责任情况进行审计。

经审会实施经济责任审计时，参照执行国家有关经济责任审计的规定。

4. 全面审计和专项审计

经审会可以对被审计单位依法依规应当接受审计的事项进行全面审计，也可以对其中的特定事项进行专项审计或者专项审计调查。

上级经审会对其审计职责范围内的审计事项，可以授权下级经审会进行审计。下级经审会应当配合协助上级经审会开展各项审计工作。

（三）工会审计权限

1. 有权要求被审计单位提供相关资料

经审会有权要求被审计单位提供财务、会计资料以及与财务收支有关的业务、管理等资料，包括电子数据和有关文档。被审计单位不得拒绝、拖延、谎报。

被审计单位负责人应当对本单位提供资料的及时性、真实性和完整性负责，并作出书面承诺。

经审会对取得的资料进行综合分析，需要向被审计单位核实有关情况的，被审计单位应当予以配合。

2. 有权检查被审计单位的资料和资产

经审会进行审计时，有权检查被审计单位的财务、会计资料以及与财务收支有关的业务、管理等资料和资产，有权检查被审计单位信息系统的安全性、可靠性、经济性，被审计单位不得拒绝。

3. 有权就审计事项问题进行调查和询问

经审会进行审计时，有权就审计事项的有关问题向有关单位、部门和个人进行调查和询问，并取得有关证明材料。有关单位、部门和个人应当配合、协助经审会工作，如实向经审会反映情况，提供有关证明材料。

4. 有权对相关资料采取暂时封存措施

经审会进行审计时，经经审会主要负责人批准，有权对可能被转移、隐匿、篡改、毁弃的财务、会计资料以及与财务收支有关的业务、管理等资料，采取暂时封存的措施。

5. 有权作出临时制止决定

经审会进行审计时，有权对正在进行的严重违法违规、严重损失浪费行为及时向单位主要负责人报告，经同意作出临时制止决定。

经审会有权提出纠正、处理违法违规行为的意见和改进管理、提高绩效的建议。

6. 有权对审计结果进行通报

经审会有权对审计结果以适当方式进行通报。

经审会有权对违法违规和造成损失浪费的被审计单位和人员,给予通报批评或者提出追究责任的建议。

经审会对严格遵守财经法规、经济效益显著、贡献突出的被审计单位和个人,可以向单位党组织、主要负责人提出表彰建议。

7. 有权对发现的问题和重大风险隐患进行报告

经审会对审计中发现的严重违法违规、严重损失浪费等问题,以及被审计单位经济运行中存在的重大风险隐患,有权向同级工会党组织、工会委员会和上一级经审会报告。

(四) 工会审计程序

1. 制订年度审计工作计划

经审会根据同级工会委员会的工作部署和上级经审会的要求,制订年度审计工作计划。

2. 制订审计实施方案

经审会根据年度审计工作计划,确定审计项目,成立审计组,制订审计实施方案。

审计组审计人员不得少于2人,实行审计组组长负责制。

3. 向被审计单位送达审计通知书

经审会应当在实施审计3日前,向被审计单位送达审计通知书。遇有特殊情况,报经审会主要负责人批准后,可以直接持审计通知书实施审计。

4. 审计事项和方式

审计人员通过审查财务、会计资料,查阅与审计事项有关的文件、资料,检查现金、实物、有价证券和信息系统,向有关单位和个人调查等方式进行审计,取得审计证据,做好审计记录,编制审计工作底稿。

向有关单位和个人进行调查时，审计人员应当不少于2人。

5. 出具审计报告或者审计决定

审计组对审计事项实施审计后，依据相关法律法规和内部控制制度作出审计评价，对需要整改的事项提出审计意见和建议，形成审计组的审计报告，并征求被审计单位的意见。

被审计单位自接到审计组的审计报告之日起10日内，应当向审计组回复书面意见，逾期不回复的，视同无异议。

经审会审核审计组的审计报告、研究被审计单位的书面意见后，出具经审会的审计报告，对违反财经法律法规的行为在职权范围内作出审计决定，并将经审会的审计报告或者审计决定送达被审计单位。审计决定自送达之日起生效。

6. 整改落实情况书面报告

被审计单位自收到经审会的审计报告或者审计决定之日起30日内，将整改落实情况书面报告给出具审计报告或者审计决定的经审会。

7. 对审计决定申请复审

被审计单位或者相关责任人员对经审会作出的审计决定不服的，自收到审计决定之日起60日内，可以向出具审计决定的上一级经审会书面申请复审。上一级经审会自收到书面复审申请之日起60日内，应当作出复审决定。复审期间执行原审计决定。

8. 审计决定变更或者撤销

经审会发现下一级经审会作出的审计决定违反国家有关规定或者有重大错误的，应当责成下一级经审会予以变更或者撤销，必要时可以直接作出变更或者撤销决定。

9. 审计整改监督检查

经审会应当建立健全审计整改监督检查机制，对被审计单位进行审计回访，督促其落实整改意见，执行审计决定。

审计组在审计实施过程中，应当及时督促被审计单位整改审计发现的问题。

经审会在出具审计报告、作出审计决定后，应当在规定的时间内检查或者了解被审计单位和其他有关单位的整改情况。对于定期审计项目，经审会可以结合下一次审计，检查或者了解被审计单位的整改情况。

10. 审计结果和整改落实情况报告

经审会应当每年向同级工会党组织和工会委员会报告审计结果和整改落实情况。

11. 建立档案

经审会对办理的审计项目、专项审计调查、审计复审、审计整改监督检查等，按照工会审计业务公文处理规定和审计档案管理规定建立档案。

（五）工作保障

1. 自觉接受审计监督

各级工会领导班子应当自觉接受审计监督，支持经审会和工会审计人员依法独立履行职责。

2. 建立健全党领导工会经审工作机制

各级工会党组织应当建立健全党领导工会经审工作机制，各级工会党组织、领导班子应当定期听取经审会的审计工作汇报，加强对经审工作规划、年度审计计划、审计质量控制、问题整改和队伍建设等重要事项的管理。

3. 建立健全审计发现问题整改机制

被审计单位主要负责人是整改第一责任人。各级工会应当建立健全审计发现问题整改机制，对审计发现的问题和提出的建议，被审计单位应当及时整改，并将整改结果书面报告经审会。

4. 制定和完善相关管理制度

各级工会对经审会审计发现的典型性、普遍性、倾向性问题，应当及时分析研究，制定和完善相关管理制度，建立健全内部控制措施。

5. 建立审计事项移交制度

经审会应当建立审计事项移交制度，依法依规移交应当由其他有关部门（单位）处理、纠正或者追究有关单位、人员责任的事项，有关部门（单位）应当依法依规及时作出决定，并将结果书面反馈经审会。

经审会应当加强与内部纪检监察、巡视巡察、组织人事等其他内部监督力量的协作配合。

各级工会应当将审计结果及整改情况作为考核、任免、奖惩工会干部和相关决策的重要依据。

各级工会对经审会审计发现的重大违纪违法问题线索，应当按照管辖权限依法依规及时移送纪检监察机关、司法机关。

6. 为经审会开展审计工作提供必要的保障和工作条件

各级工会应当为经审会开展审计工作，提供必要的人力、物力、财力保障和工作条件，履行审计职责所需经费，应当纳入本级工会年度经费预算。

7. 加强工会审计人员队伍建设

各级工会应当加强工会审计人员队伍建设，落实经审会主任任期培训制度和工会审计人员培训规划，做好工会审计人员的配备、使用、考核和管理工作。

8. 加强审计工作规范化建设

各级工会应当支持经审会加强审计工作规范化建设，健全审计工作运行机制，完善审计质量评价体系。

各级工会应当根据工会审计工作特点，完善工会审计人员考核评价制度,保障工会审计人员享有相应的晋升、交流、任职、薪酬及相关待遇。

9. **业务指导和工作支持**

上级经审会应当加强对下级经审会的业务指导和工作支持,对在工会审计工作中做出突出成绩的单位和个人给予表彰和奖励。

对连续多年在工会审计工作中作出突出成绩的单位和个人,上级经审会可以向下级工会党组织、领导班子提出嘉奖、记功的建议。

附　录

中华人民共和国工会法

（1992年4月3日第七届全国人民代表大会第五次会议通过　根据2001年10月27日第九届全国人民代表大会常务委员会第二十四次会议《关于修改〈中华人民共和国工会法〉的决定》第一次修正　根据2009年8月27日第十一届全国人民代表大会常务委员会第十次会议《关于修改部分法律的决定》第二次修正　根据2021年12月24日第十三届全国人民代表大会常务委员会第三十二次会议《关于修改〈中华人民共和国工会法〉的决定》第三次修正）

第一章　总　　则

第一条　为保障工会在国家政治、经济和社会生活中的地位，确定工会的权利与义务，发挥工会在社会主义现代化建设事业中的作用，根据宪法，制定本法。

第二条　工会是中国共产党领导的职工自愿结合的工人阶级群众组织，是中国共产党联系职工群众的桥梁和纽带。

中华全国总工会及其各工会组织代表职工的利益，依法维护职工的合法权益。

第三条　在中国境内的企业、事业单位、机关、社会组织（以下统称用人单位）中以工资收入为主要生活来源的劳动者，不分民族、种族、性别、职业、宗教信仰、教育程度，都有依法参加和组织工会的权利。任何组织和个人不得阻挠和限制。

工会适应企业组织形式、职工队伍结构、劳动关系、就业形态等方面的发展变化，依法维护劳动者参加和组织工会的权利。

第四条 工会必须遵守和维护宪法，以宪法为根本的活动准则，以经济建设为中心，坚持社会主义道路，坚持人民民主专政，坚持中国共产党的领导，坚持马克思列宁主义、毛泽东思想、邓小平理论、"三个代表"重要思想、科学发展观、习近平新时代中国特色社会主义思想，坚持改革开放，保持和增强政治性、先进性、群众性，依照工会章程独立自主地开展工作。

工会会员全国代表大会制定或者修改《中国工会章程》，章程不得与宪法和法律相抵触。

国家保护工会的合法权益不受侵犯。

第五条 工会组织和教育职工依照宪法和法律的规定行使民主权利，发挥国家主人翁的作用，通过各种途径和形式，参与管理国家事务、管理经济和文化事业、管理社会事务；协助人民政府开展工作，维护工人阶级领导的、以工农联盟为基础的人民民主专政的社会主义国家政权。

第六条 维护职工合法权益、竭诚服务职工群众是工会的基本职责。工会在维护全国人民总体利益的同时，代表和维护职工的合法权益。

工会通过平等协商和集体合同制度等，推动健全劳动关系协调机制，维护职工劳动权益，构建和谐劳动关系。

工会依照法律规定通过职工代表大会或者其他形式，组织职工参与本单位的民主选举、民主协商、民主决策、民主管理和民主监督。

工会建立联系广泛、服务职工的工会工作体系，密切联系职工，听取和反映职工的意见和要求，关心职工的生活，帮助职工解决困难，全心全意为职工服务。

第七条 工会动员和组织职工积极参加经济建设，努力完成生产任务和工作任务。教育职工不断提高思想道德、技术业务和科学文化素质，建设有理想、有道德、有文化、有纪律的职工队伍。

第八条 工会推动产业工人队伍建设改革，提高产业工人队伍整体素质，发挥产业工人骨干作用，维护产业工人合法权益，保障产业工人主人翁地位，造就一支有理想守信念、懂技术会创新、敢担当讲奉献的宏大产业工人队伍。

第九条 中华全国总工会根据独立、平等、互相尊重、互不干涉内部事务的原则，加强同各国工会组织的友好合作关系。

第二章 工 会 组 织

第十条 工会各级组织按照民主集中制原则建立。

各级工会委员会由会员大会或者会员代表大会民主选举产生。企业主要负责人的近亲属不得作为本企业基层工会委员会成员的人选。

各级工会委员会向同级会员大会或者会员代表大会负责并报告工作，接受其监督。

工会会员大会或者会员代表大会有权撤换或者罢免其所选举的代表或者工会委员会组成人员。

上级工会组织领导下级工会组织。

第十一条 用人单位有会员二十五人以上的，应当建立基层工会委员会；不足二十五人的，可以单独建立基层工会委员会，也可以由两个以上单位的会员联合建立基层工会委员会，也可以选举组织员一人，组织会员开展活动。女职工人数较多的，可以建立工会女职工委员会，在同级工会领导下开展工作；女职工人数较少的，可以在工会委员会中设女职工委员。

企业职工较多的乡镇、城市街道，可以建立基层工会的联合会。

县级以上地方建立地方各级总工会。

同一行业或者性质相近的几个行业，可以根据需要建立全国的或者地方的产业工会。

全国建立统一的中华全国总工会。

第十二条　基层工会、地方各级总工会、全国或者地方产业工会组织的建立，必须报上一级工会批准。

上级工会可以派员帮助和指导企业职工组建工会，任何单位和个人不得阻挠。

第十三条　任何组织和个人不得随意撤销、合并工会组织。

基层工会所在的用人单位终止或者被撤销，该工会组织相应撤销，并报告上一级工会。

依前款规定被撤销的工会，其会员的会籍可以继续保留，具体管理办法由中华全国总工会制定。

第十四条　职工二百人以上的企业、事业单位、社会组织的工会，可以设专职工会主席。工会专职工作人员的人数由工会与企业、事业单位、社会组织协商确定。

第十五条　中华全国总工会、地方总工会、产业工会具有社会团体法人资格。

基层工会组织具备民法典规定的法人条件的，依法取得社会团体法人资格。

第十六条　基层工会委员会每届任期三年或者五年。各级地方总工会委员会和产业工会委员会每届任期五年。

第十七条　基层工会委员会定期召开会员大会或者会员代表大会，讨论决定工会工作的重大问题。经基层工会委员会或者三分之一以上的工会会员提议，可以临时召开会员大会或者会员代表大会。

第十八条　工会主席、副主席任期未满时，不得随意调动其工作。因工作需要调动时，应当征得本级工会委员会和上一级工会的同意。

罢免工会主席、副主席必须召开会员大会或者会员代表大会讨论，非经会员大会全体会员或者会员代表大会全体代表过半数通过，不得罢免。

第十九条　基层工会专职主席、副主席或者委员自任职之日起，其劳动合同期限自动延长，延长期限相当于其任职期间；非专职主席、副主席或者委员自任职之日起，其尚未履行的劳动合同期限短于任期的，劳动合同期限自动延长至任期期满。但是，任职期间个人严重过失或者达到法定退休年龄的除外。

第三章　工会的权利和义务

第二十条　企业、事业单位、社会组织违反职工代表大会制度和其他民主管理制度，工会有权要求纠正，保障职工依法行使民主管理的权利。

法律、法规规定应当提交职工大会或者职工代表大会审议、通过、决定的事项，企业、事业单位、社会组织应当依法办理。

第二十一条　工会帮助、指导职工与企业、实行企业化管理的事业单位、社会组织签订劳动合同。

工会代表职工与企业、实行企业化管理的事业单位、社会组织进行平等协商，依法签订集体合同。集体合同草案应当提交职工代表大会或者全体职工讨论通过。

工会签订集体合同，上级工会应当给予支持和帮助。

企业、事业单位、社会组织违反集体合同，侵犯职工劳动权益的，工会可以依法要求企业、事业单位、社会组织予以改正并承担责任；因履行集体合同发生争议，经协商解决不成的，工会可以向劳动争议仲裁机构提请仲裁，仲裁机构不予受理或者对仲裁裁决不服的，可以向人民法院提起诉讼。

第二十二条　企业、事业单位、社会组织处分职工，工会认为不适当的，有权提出意见。

用人单位单方面解除职工劳动合同时，应当事先将理由通知工会，工会认为用人单位违反法律、法规和有关合同，要求重新研究处理时，用人单位应当研究工会的意见，并将处理结果书面通知工会。

职工认为用人单位侵犯其劳动权益而申请劳动争议仲裁或者向人民法院提起诉讼的，工会应当给予支持和帮助。

第二十三条　企业、事业单位、社会组织违反劳动法律法规规定，有下列侵犯职工劳动权益情形，工会应当代表职工与企业、事业单位、社会组织交涉，要求企业、事业单位、社会组织采取措施予以改正；企业、事业单位、社会组织应当予以研究处理，并向工会作出答复；企业、事业单位、社会组织拒不改正的，工会可以提请当地人民政府依法作出处理：

（一）克扣、拖欠职工工资的；

（二）不提供劳动安全卫生条件的；

（三）随意延长劳动时间的；

（四）侵犯女职工和未成年工特殊权益的；

（五）其他严重侵犯职工劳动权益的。

第二十四条　工会依照国家规定对新建、扩建企业和技术改造工程中的劳动条件和安全卫生设施与主体工程同时设计、同时施工、同时投产使用进行监督。对工会提出的意见，企业或者主管部门应当认真处理，并将处理结果书面通知工会。

第二十五条　工会发现企业违章指挥、强令工人冒险作业，或者生产过程中发现明显重大事故隐患和职业危害，有权提出解决的建议，企业应当及时研究答复；发现危及职工生命安全的情况时，工会有权向企业建议组织职工撤离危险现场，企业必须及时作出处理决定。

第二十六条　工会有权对企业、事业单位、社会组织侵犯职工合法权益的问题进行调查，有关单位应当予以协助。

第二十七条　职工因工伤亡事故和其他严重危害职工健康问题的调查处理，必须有工会参加。工会应当向有关部门提出处理意见，并有权要求追究直接负责的主管人员和有关责任人员的责任。对工会提出的意见，应当及时研究，给予答复。

第二十八条　企业、事业单位、社会组织发生停工、怠工事件，工会应当代表职工同企业、事业单位、社会组织或者有关方面协商，反映职工的意见和要求并提出解决意见。对于职工的合理要求，企业、事业单位、社会组织应当予以解决。工会协助企业、事业单位、社会组织做好工作，尽快恢复生产、工作秩序。

第二十九条　工会参加企业的劳动争议调解工作。

地方劳动争议仲裁组织应当有同级工会代表参加。

第三十条　县级以上各级总工会依法为所属工会和职工提供法律援助等法律服务。

第三十一条　工会协助用人单位办好职工集体福利事业，做好工资、劳动安全卫生和社会保险工作。

第三十二条　工会会同用人单位加强对职工的思想政治引领，教育职工以国家主人翁态度对待劳动，爱护国家和单位的财产；组织职工开展群众性的合理化建议、技术革新、劳动和技能竞赛活动，进行业余文化技术学习和职工培训，参加职业教育和文化体育活动，推进职业安全健康教育和劳动保护工作。

第三十三条　根据政府委托，工会与有关部门共同做好劳动模范和先进生产（工作）者的评选、表彰、培养和管理工作。

第三十四条　国家机关在组织起草或者修改直接涉及职工切身利益的法律、法规、规章时，应当听取工会意见。

县级以上各级人民政府制定国民经济和社会发展计划，对涉及职工利益的重大问题，应当听取同级工会的意见。

县级以上各级人民政府及其有关部门研究制定劳动就业、工资、劳动安全卫生、社会保险等涉及职工切身利益的政策、措施时，应当吸收同级工会参加研究，听取工会意见。

第三十五条　县级以上地方各级人民政府可以召开会议或者采取适当方式，向同级工会通报政府的重要的工作部署和与工会工作有关的行政措施，研究解决工会反映的职工群众的意见和要求。

各级人民政府劳动行政部门应当会同同级工会和企业方面代表，建立劳动关系三方协商机制，共同研究解决劳动关系方面的重大问题。

第四章　基层工会组织

第三十六条　国有企业职工代表大会是企业实行民主管理的基本形式，是职工行使民主管理权力的机构，依照法律规定行使职权。

国有企业的工会委员会是职工代表大会的工作机构，负责职工代表大会的日常工作，检查、督促职工代表大会决议的执行。

第三十七条　集体企业的工会委员会，应当支持和组织职工参加民主管理和民主监督，维护职工选举和罢免管理人员、决定经营管理的重大问题的权力。

第三十八条　本法第三十六条、第三十七条规定以外的其他企业、事业单位的工会委员会，依照法律规定组织职工采取与企业、事业单位相适应的形式，参与企业、事业单位民主管理。

第三十九条 企业、事业单位、社会组织研究经营管理和发展的重大问题应当听取工会的意见；召开会议讨论有关工资、福利、劳动安全卫生、工作时间、休息休假、女职工保护和社会保险等涉及职工切身利益的问题，必须有工会代表参加。

企业、事业单位、社会组织应当支持工会依法开展工作，工会应当支持企业、事业单位、社会组织依法行使经营管理权。

第四十条 公司的董事会、监事会中职工代表的产生，依照公司法有关规定执行。

第四十一条 基层工会委员会召开会议或者组织职工活动，应当在生产或者工作时间以外进行，需要占用生产或者工作时间的，应当事先征得企业、事业单位、社会组织的同意。

基层工会的非专职委员占用生产或者工作时间参加会议或者从事工会工作，每月不超过三个工作日，其工资照发，其他待遇不受影响。

第四十二条 用人单位工会委员会的专职工作人员的工资、奖励、补贴，由所在单位支付。社会保险和其他福利待遇等，享受本单位职工同等待遇。

第五章　工会的经费和财产

第四十三条 工会经费的来源：

（一）工会会员缴纳的会费；

（二）建立工会组织的用人单位按每月全部职工工资总额的百分之二向工会拨缴的经费；

（三）工会所属的企业、事业单位上缴的收入；

（四）人民政府的补助；

（五）其他收入。

前款第二项规定的企业、事业单位、社会组织拨缴的经费在税前列支。

工会经费主要用于为职工服务和工会活动。经费使用的具体办法由中华全国总工会制定。

第四十四条 企业、事业单位、社会组织无正当理由拖延或者拒不拨缴工会经费，基层工会或者上级工会可以向当地人民法院申请支付令；拒不执行支付令的，工会可以依法申请人民法院强制执行。

第四十五条 工会应当根据经费独立原则，建立预算、决算和经费审查监督制度。

各级工会建立经费审查委员会。

各级工会经费收支情况应当由同级工会经费审查委员会审查，并且定期向会员大会或者会员代表大会报告，接受监督。工会会员大会或者会员代表大会有权对经费使用情况提出意见。

工会经费的使用应当依法接受国家的监督。

第四十六条 各级人民政府和用人单位应当为工会办公和开展活动，提供必要的设施和活动场所等物质条件。

第四十七条 工会的财产、经费和国家拨给工会使用的不动产，任何组织和个人不得侵占、挪用和任意调拨。

第四十八条 工会所属的为职工服务的企业、事业单位，其隶属关系不得随意改变。

第四十九条 县级以上各级工会的离休、退休人员的待遇，与国家机关工作人员同等对待。

第六章 法 律 责 任

第五十条 工会对违反本法规定侵犯其合法权益的，有权提请人民政府或者有关部门予以处理，或者向人民法院提起诉讼。

第五十一条　违反本法第三条、第十二条规定，阻挠职工依法参加和组织工会或者阻挠上级工会帮助、指导职工筹建工会的，由劳动行政部门责令其改正；拒不改正的，由劳动行政部门提请县级以上人民政府处理；以暴力、威胁等手段阻挠造成严重后果，构成犯罪的，依法追究刑事责任。

第五十二条　违反本法规定，对依法履行职责的工会工作人员无正当理由调动工作岗位，进行打击报复的，由劳动行政部门责令改正、恢复原工作；造成损失的，给予赔偿。

对依法履行职责的工会工作人员进行侮辱、诽谤或者进行人身伤害，构成犯罪的，依法追究刑事责任；尚未构成犯罪的，由公安机关依照治安管理处罚法的规定处罚。

第五十三条　违反本法规定，有下列情形之一的，由劳动行政部门责令恢复其工作，并补发被解除劳动合同期间应得的报酬，或者责令给予本人年收入二倍的赔偿：

（一）职工因参加工会活动而被解除劳动合同的；

（二）工会工作人员因履行本法规定的职责而被解除劳动合同的。

第五十四条　违反本法规定，有下列情形之一的，由县级以上人民政府责令改正，依法处理：

（一）妨碍工会组织职工通过职工代表大会和其他形式依法行使民主权利的；

（二）非法撤销、合并工会组织的；

（三）妨碍工会参加职工因工伤亡事故以及其他侵犯职工合法权益问题的调查处理的；

（四）无正当理由拒绝进行平等协商的。

第五十五条　违反本法第四十七条规定，侵占工会经费和财产拒不返还的，工会可以向人民法院提起诉讼，要求返还，并赔偿损失。

第五十六条 工会工作人员违反本法规定，损害职工或者工会权益的，由同级工会或者上级工会责令改正，或者予以处分；情节严重的，依照《中国工会章程》予以罢免；造成损失的，应当承担赔偿责任；构成犯罪的，依法追究刑事责任。

第七章 附 则

第五十七条 中华全国总工会会同有关国家机关制定机关工会实施本法的具体办法。

第五十八条 本法自公布之日起施行。1950年6月29日中央人民政府颁布的《中华人民共和国工会法》同时废止。

中国工会章程

（中国工会第十八次全国代表大会部分修改，二〇二三年十月十二日通过）

总 则

中国工会是中国共产党领导的职工自愿结合的工人阶级群众组织，是党联系职工群众的桥梁和纽带，是国家政权的重要社会支柱，是会员和职工利益的代表。

中国工会以宪法为根本活动准则，按照《中华人民共和国工会法》和本章程独立自主地开展工作，依法行使权利和履行义务。

工人阶级是我国的领导阶级，是先进生产力和生产关系的代表，是中国共产党最坚实最可靠的阶级基础，是改革开放和社会主义现代化建设的主力军，是维护社会安定的强大而集中的社会力量。中国工会高举中国特色社会主义伟大旗帜，坚持马克思列宁主义、毛泽东思想、邓小平理论、"三个代表"重要思想、科学发展观，全面贯彻习近平新时代中国特色社会主义思想，贯彻执行党的以经济建设为中心，坚持四项基本原则，坚持改革开放的基本路线，保持和增强政治性、先进性、群众性，坚定不移地走中国特色社会主义工会发展道路，推动党的全心全意依靠工人阶级的根本指导方针的贯彻落实，全面履行工会的社会职能，在维护全国人民总体利益的同时，更好地表达和维护职工的具体利益，团结和动员全国职工自力更生、艰苦创业，坚持和发展中国特色社会主义，为全面建成社会主义现代化强国、实现第二个百年奋斗目标，以中国式现代化全面推进中华民族伟大复兴而奋斗。

中国工会坚持自觉接受中国共产党的领导，承担团结引导职工群众听党话、跟党走的政治责任，巩固和扩大党执政的阶级基础和群众基础。

中国工会的基本职责是维护职工合法权益、竭诚服务职工群众。

中国工会按照中国特色社会主义事业"五位一体"总体布局和"四个全面"战略布局，贯彻创新、协调、绿色、开放、共享的新发展理念，把握为实现中华民族伟大复兴的中国梦而奋斗的工人运动时代主题，弘扬劳模精神、劳动精神、工匠精神，动员和组织职工积极参加建设和改革，努力促进经济、政治、文化、社会和生态文明建设；发展全过程人民民主，代表和组织职工参与管理国家事务、管理经济和文化事业、管理社会事务，参与企业、事业单位、机关、社会组织的民主管理；教育职工践行社会主义核心价值观，不断提高思想道德素质、科学文化素质和技术技能素质，建设有理想、有道德、有文化、有纪律的职工队伍，不断发展工人阶级先进性。

中国工会以忠诚党的事业、竭诚服务职工为己任，坚持组织起来、切实维权的工作方针，坚持以职工为本、主动依法科学维权的维权观，促进完善社会主义劳动法律，维护职工的经济、政治、文化和社会权利，参与协调劳动关系和社会利益关系，推动构建和谐劳动关系，促进经济高质量发展和社会的长期稳定，维护工人阶级和工会组织的团结统一，为构建社会主义和谐社会作贡献。

中国工会维护工人阶级领导的、以工农联盟为基础的人民民主专政的社会主义国家政权，协助人民政府开展工作，依法发挥民主参与和社会监督作用。

中国工会推动产业工人队伍建设改革，强化产业工人思想政治引领，提高产业工人队伍整体素质，发挥产业工人骨干作用，维护产业工人合法权益，保障产业工人主人翁地位，造就一支有理想守信念、懂技术会创新、敢担当讲奉献的宏大产业工人队伍。

中国工会在企业、事业单位、社会组织中，按照促进企事业和社会组织发展、维护职工权益的原则，支持行政依法行使管理权力，组织职工参与本单位民主选举、民主协商、民主决策、民主管理和民主监督，与行政方面建立协商制度，保障职工的合法权益，调动职工的积极性，促进企业、事业单位、社会组织的发展。

中国工会实行产业和地方相结合的组织领导原则，坚持民主集中制。

中国工会坚持以改革创新精神加强自身建设，健全联系广泛、服务职工的工作体系，增强团结教育、维护权益、服务职工的功能，坚持群众化、民主化，保持同会员群众的密切联系，依靠会员群众开展工会工作。各级工会领导机关坚持把工作重点放到基层，着力扩大覆盖面、增强代表性，着力强化服务意识、提高维权能力，着力加强队伍建设、提升保障水平，坚持服务职工群众的工作生命线，全心全意为基层、为职工服务，构建智慧工会，增强基层工会的吸引力凝聚力战斗力，把工会组织建设得更加充满活力、更加坚强有力，成为深受职工群众信赖的学习型、服务型、创新型"职工之家"。

工会兴办的企业、事业单位，坚持公益性、服务性，坚持为改革开放和发展社会生产力服务，为职工群众服务，为推进工运事业服务。

中国工会努力巩固和发展工农联盟，坚持最广泛的爱国统一战线，加强包括香港特别行政区同胞、澳门特别行政区同胞、台湾同胞和海外侨胞在内的全国各族人民的大团结，促进祖国的统一、繁荣和富强。

中国工会在国际事务中坚持独立自主、互相尊重、求同存异、加强合作、增进友谊的方针，在独立、平等、互相尊重、互不干涉内部事务的原则基础上，广泛建立和发展同国际和各国工会组织的友好关系，积极参与"一带一路"建设，增进我国工人阶级同各国工人阶级的友谊，同全世界工人和工会一起，在推动构建人类命运共同体中发挥作用，为世界的和平、发展、合作、工人权益和社会进步而共同努力。

中国工会深入学习贯彻习近平总书记关于党的建设的重要思想，落实新时代党的建设总要求，贯彻全面从严治党战略方针，以党的政治建设为统领，加强党的建设，深刻领悟"两个确立"

的决定性意义,增强"四个意识"、坚定"四个自信"、做到"两个维护",在思想上政治上行动上同以习近平同志为核心的党中央保持高度一致。

第一章　会　　员

第一条　凡在中国境内的企业、事业单位、机关、社会组织中,以工资收入为主要生活来源或者与用人单位建立劳动关系的劳动者,不分民族、种族、性别、职业、宗教信仰、教育程度,承认工会章程,都可以加入工会为会员。

工会适应企业组织形式、职工队伍结构、劳动关系、就业形态等方面的发展变化,依法维护劳动者参加和组织工会的权利。

第二条　职工加入工会,由本人自愿申请,经基层工会委员会批准并发给会员证。

第三条　会员享有以下权利:

(一)选举权、被选举权和表决权。

(二)对工会工作进行监督,提出意见和建议,要求撤换或者罢免不称职的工会工作人员。

(三)对国家和社会生活问题及本单位工作提出批评与建议,要求工会组织向有关方面如实反映。

(四)在合法权益受到侵犯时,要求工会给予保护。

(五)工会提供的文化、教育、体育、旅游、疗休养、互助保障、生活救助、法律服务、就业服务等优惠待遇;工会给予的各种奖励。

(六)在工会会议和工会媒体上,参加关于工会工作和职工关心问题的讨论。

第四条　会员履行下列义务:

（一）认真学习贯彻习近平新时代中国特色社会主义思想，学习政治、经济、文化、法律、科技和工会基本知识等。

（二）积极参加民主管理，努力完成生产和工作任务，立足本职岗位建功立业。

（三）遵守宪法和法律，践行社会主义核心价值观，弘扬中华民族传统美德，恪守社会公德、职业道德、家庭美德、个人品德，遵守劳动纪律。

（四）正确处理国家、集体、个人三者利益关系，向危害国家、社会利益的行为作斗争。

（五）维护中国工人阶级和工会组织的团结统一，发扬阶级友爱，搞好互助互济。

（六）遵守工会章程，执行工会决议，参加工会活动，按月交纳会费。

第五条　会员组织关系随劳动（工作）关系变动，凭会员证明接转。

第六条　会员有退会自由。会员退会由本人向工会小组提出，由基层工会委员会宣布其退会并收回会员证。

会员没有正当理由连续六个月不交纳会费、不参加工会组织生活，经教育拒不改正，应当视为自动退会。

第七条　对不执行工会决议、违反工会章程的会员，给予批评教育。对严重违法犯罪并受到刑事处罚的会员，开除会籍。开除会员会籍，须经工会小组讨论，提出意见，由基层工会委员会决定，报上一级工会备案。

第八条　会员离休、退休和失业，可保留会籍。保留会籍期间免交会费。

工会组织要关心离休、退休和失业会员的生活，积极向有关方面反映他们的愿望和要求。

第二章　组 织 制 度

第九条　中国工会实行民主集中制，主要内容是：

（一）个人服从组织，少数服从多数，下级组织服从上级组织。

（二）工会的各级领导机关，除它们派出的代表机关外，都由民主选举产生。

（三）工会的最高领导机关，是工会的全国代表大会和它所产生的中华全国总工会执行委员会。工会的地方各级领导机关，是工会的地方各级代表大会和它所产生的总工会委员会。

（四）工会各级委员会，向同级会员大会或者会员代表大会负责并报告工作，接受会员监督。会员大会和会员代表大会有权撤换或者罢免其所选举的代表和工会委员会组成人员。

（五）工会各级委员会，实行集体领导和分工负责相结合的制度。凡属重大问题由委员会民主讨论，作出决定，委员会成员根据集体的决定和分工，履行自己的职责。

（六）工会各级领导机关，加强对下级组织的领导和服务，经常向下级组织通报情况，听取下级组织和会员的意见，研究和解决他们提出的问题。下级组织应及时向上级组织请示报告工作。

第十条　工会各级代表大会的代表和委员会的产生，要充分体现选举人的意志。候选人名单，要反复酝酿，充分讨论。选举采用无记名投票方式，可以直接采用候选人数多于应选人数的差额选举办法进行正式选举，也可以先采用差额选举办法进行预选，产生候选人名单，然后进行正式选举。任何组织和个人，不得以任何方式强迫选举人选举或不选举某个人。

第十一条　中国工会实行产业和地方相结合的组织领导原则。同一企业、事业单位、机关、社会组织中的会员，组织在一个基层工会组织中；同一行业或者性质相近的几个行业，根据需要建立全国的或者地方的产业工会组织。除少数行政管理体制实行垂直管理的产业，其产业工会实行产业工会和地方工会双重领导，以产业工会领导为主外，其他产业工会均实行以地方工会领导为主，同时接受上级产业工会领导的体制。各产业工会的领导体制，由中华全国总工会确定。

省、自治区、直辖市，设区的市和自治州，县（旗）、自治县、不设区的市建立地方总工会。地方总工会是当地地方工会组织和产业工会地方组织的领导机关。全国建立统一的中华全国总工会。中华全国总工会是各级地方总工会和各产业工会全国组织的领导机关。

中华全国总工会执行委员会委员和产业工会全国委员会委员实行替补制，各级地方总工会委员会委员和地方产业工会委员会委员，也可以实行替补制。

第十二条　县和县以上各级地方总工会委员会，根据工作需要可以派出代表机关。

县和县以上各级工会委员会，在两次代表大会之间，认为有必要时，可以召集代表会议，讨论和决定需要及时解决的重大问题。代表会议代表的名额和产生办法，由召集代表会议的总工会决定。

全国产业工会、各级地方产业工会、乡镇工会、城市街道工会和区域性、行业性工会联合会的委员会，可以按照联合制、代表制原则，由下一级工会组织民主选举的主要负责人和适当比例的有关方面代表组成。

上级工会可以派员帮助和指导用人单位的职工组建工会。

第十三条 各级工会代表大会选举产生同级经费审查委员会。中华全国总工会经费审查委员会设常务委员会，省、自治区、直辖市总工会经费审查委员会和独立管理经费的全国产业工会经费审查委员会，应当设常务委员会。经费审查委员会负责审查同级工会组织及其直属企业、事业单位的经费收支和资产管理情况，监督财经法纪的贯彻执行和工会经费的使用，并接受上级工会经费审查委员会的指导和监督。工会经费审查委员会向同级会员大会或会员代表大会负责并报告工作；在大会闭会期间，向同级工会委员会负责并报告工作。

上级经费审查委员会应当对下一级工会及其直属企业、事业单位的经费收支和资产管理情况进行审查。

中华全国总工会经费审查委员会委员实行替补制，各级地方总工会经费审查委员会委员和独立管理经费的产业工会经费审查委员会委员，也可以实行替补制。

第十四条 各级工会建立女职工委员会，表达和维护女职工的合法权益。女职工委员会由同级工会委员会提名，在充分协商的基础上组成或者选举产生，女职工委员会与工会委员会同时建立，在同级工会委员会领导下开展工作。企业工会女职工委员会是县或者县以上妇联的团体会员，通过县以上地方工会接受妇联的业务指导。

第十五条 县和县以上各级工会组织应当建立法律服务机构，为保护职工和工会组织的合法权益提供服务。

各级工会组织应当组织和代表职工开展劳动法律监督。

第十六条 成立或者撤销工会组织，必须经会员大会或者会员代表大会通过，并报上一级工会批准。基层工会组织所在的企业终止，或者所在的事业单位、机关、社会组织被撤销，该工会组织相应撤销，并报上级工会备案。其他组织和个人不得随意撤销工会组织，也不得把工会组织的机构撤销、合并或者归属其他工作部门。

第三章 全国组织

第十七条 中国工会全国代表大会，每五年举行一次，由中华全国总工会执行委员会召集。在特殊情况下，由中华全国总工会执行委员会主席团提议，经执行委员会全体会议通过，可以提前或者延期举行。代表名额和代表选举办法由中华全国总工会决定。

第十八条 中国工会全国代表大会的职权是：

（一）审议和批准中华全国总工会执行委员会的工作报告。

（二）审议和批准中华全国总工会执行委员会的经费收支情况报告和经费审查委员会的工作报告。

（三）修改中国工会章程。

（四）选举中华全国总工会执行委员会和经费审查委员会。

第十九条 中华全国总工会执行委员会，在全国代表大会闭会期间，负责贯彻执行全国代表大会的决议，领导全国工会工作。

执行委员会全体会议选举主席一人、副主席若干人、主席团委员若干人，组成主席团。

执行委员会全体会议由主席团召集，每年至少举行一次。

第二十条 中华全国总工会执行委员会全体会议闭会期间，由主席团行使执行委员会的职权。主席团全体会议，由主席召集。

主席团闭会期间，由主席、副主席组成的主席会议行使主席团职权。主席会议由中华全国总工会主席召集并主持。

主席团下设书记处，由主席团在主席团成员中推选第一书记一人，书记若干人组成。书记处在主席团领导下，主持中华全国总工会的日常工作。

第二十一条 产业工会全国组织的设置，由中华全国总工会根据需要确定。

产业工会全国委员会的建立，经中华全国总工会批准，可以按照联合制、代表制原则组成，也可以由产业工会全国代表大会选举产生。全国委员会每届任期五年。任期届满，应当如期召开会议，进行换届选举。在特殊情况下，经中华全国总工会批准，可以提前或者延期举行。

产业工会全国代表大会和按照联合制、代表制原则组成的产业工会全国委员会全体会议的职权是：审议和批准产业工会全国委员会的工作报告；选举产业工会全国委员会或者产业工会全国委员会常务委员会。独立管理经费的产业工会，选举经费审查委员会，并向产业工会全国代表大会或者委员会全体会议报告工作。产业工会全国委员会常务委员会由主席一人、副主席若干人、常务委员若干人组成。

第四章 地方组织

第二十二条 省、自治区、直辖市，设区的市和自治州，县（旗）、自治县、不设区的市的工会代表大会，由同级总工会委员会召集，每五年举行一次。在特殊情况下，由同级总工会委员会提议，经上一级工会批准，可以提前或者延期举行。工会的地方各级代表大会的职权是：

（一）审议和批准同级总工会委员会的工作报告。

（二）审议和批准同级总工会委员会的经费收支情况报告和

经费审查委员会的工作报告。

（三）选举同级总工会委员会和经费审查委员会。

各级地方总工会委员会，在代表大会闭会期间，执行上级工会的决定和同级工会代表大会的决议，领导本地区的工会工作，定期向上级总工会委员会报告工作。

根据工作需要，省、自治区总工会可在地区设派出代表机关。直辖市和设区的市总工会在区一级建立总工会。

县和城市的区可在乡镇和街道建立乡镇工会和街道工会组织，具备条件的，建立总工会。

第二十三条　各级地方总工会委员会选举主席一人、副主席若干人、常务委员若干人，组成常务委员会。工会委员会、常务委员会和主席、副主席以及经费审查委员会的选举结果，报上一级总工会批准。

各级地方总工会委员会全体会议，每年至少举行一次，由常务委员会召集。各级地方总工会常务委员会，在委员会全体会议闭会期间，行使委员会的职权。

第二十四条　各级地方产业工会组织的设置，由同级地方总工会根据本地区的实际情况确定。

第五章　基层组织

第二十五条　企业、事业单位、机关、社会组织等基层单位，应当依法建立工会组织。社区和行政村可以建立工会组织。从实际出发，建立区域性、行业性工会联合会，推进新经济组织、新社会组织工会组织建设。

有会员二十五人以上的，应当成立基层工会委员会；不足二十五人的，可以单独建立基层工会委员会，也可以由两个以上单位的会员联合建立基层工会委员会，也可以选举组织员或者工会主席一人，主持基层工会工作。基层工会委员会有女会员十人以上的建立女职工委员会，不足十人的设女职工委员。

职工二百人以上企业、事业单位、社会组织的工会设专职工会主席。工会专职工作人员的人数由工会与企业、事业单位、社会组织协商确定。

基层工会组织具备民法典规定的法人条件的，依法取得社会团体法人资格，工会主席为法定代表人。

第二十六条 基层工会会员大会或者会员代表大会，每年至少召开一次。经基层工会委员会或者三分之一以上的工会会员提议，可以临时召开会员大会或者会员代表大会。工会会员在一百人以下的基层工会应当召开会员大会。

工会会员大会或者会员代表大会的职权是：

（一）审议和批准基层工会委员会的工作报告。

（二）审议和批准基层工会委员会的经费收支情况报告和经费审查委员会的工作报告。

（三）选举基层工会委员会和经费审查委员会。

（四）撤换或者罢免其所选举的代表或者工会委员会组成人员。

（五）讨论决定工会工作的重大问题。

基层工会委员会和经费审查委员会每届任期三年或者五年，具体任期由会员大会或者会员代表大会决定。任期届满，应当如期召开会议，进行换届选举。在特殊情况下，经上一级工会批准，可以提前或者延期举行。

会员代表大会的代表实行常任制，任期与本单位工会委员会相同。

第二十七条 基层工会委员会的委员，应当在会员或者会员代表充分酝酿协商的基础上选举产生；主席、副主席，可以由会员大会或者会员代表大会直接选举产生，也可以由基层工会委员会选举产生。大型企业、事业单位的工会委员会，根据工作需要，经上级工会委员会批准，可以设立常务委员会。基层工会委员会、常务委员会和主席、副主席以及经费审查委员会的选举结果，报上一级工会批准。

第二十八条 基层工会委员会的基本任务是：

（一）执行会员大会或者会员代表大会的决议和上级工会的决定，主持基层工会的日常工作。

（二）代表和组织职工依照法律规定，通过职工代表大会、厂务公开和其他形式，参与本单位民主选举、民主协商、民主决策、民主管理和民主监督，保障职工知情权、参与权、表达权和监督权，在公司制企业落实职工董事、职工监事制度。企业、事业单位工会委员会是职工代表大会工作机构，负责职工代表大会的日常工作，检查、督促职工代表大会决议的执行。

（三）参与协调劳动关系和调解劳动争议，与企业、事业单位、社会组织行政方面建立协商制度，协商解决涉及职工切身利益问题。帮助和指导职工与企业、事业单位、社会组织行政方面签订和履行劳动合同，代表职工与企业、事业单位、社会组织行政方面签订集体合同或者其他专项协议，并监督执行。

（四）组织职工开展劳动和技能竞赛、合理化建议、技能培训、技术革新和技术协作等活动，培育工匠、高技能人才，总结推广先进经验。做好劳动模范和先进生产（工作）者的评选、表彰、培养和管理服务工作。

（五）加强对职工的政治引领和思想教育，开展法治宣传教育，重视人文关怀和心理疏导，鼓励支持职工学习文化科学技术和管理知识，开展健康的文化体育活动。推进企业文化职工文化建设，办好工会文化、教育、体育事业。

（六）监督有关法律、法规的贯彻执行。协助和督促行政方面做好工资、安全生产、职业病防治和社会保险等方面的工作，推动落实职工福利待遇。办好职工集体福利事业，改善职工生活，对困难职工开展帮扶。依法参与生产安全事故和职业病危害事故的调查处理。

（七）维护女职工的特殊权益，同歧视、虐待、摧残、迫害女职工的现象作斗争。

（八）搞好工会组织建设，健全民主制度和民主生活。建立和发展工会积极分子队伍。做好会员的发展、接收、教育和会籍管理工作。加强职工之家建设。

（九）收好、管好、用好工会经费，管理好工会资产和工会的企业、事业。

第二十九条 教育、科研、文化、卫生、体育等事业单位和机关工会，从脑力劳动者比较集中的特点出发开展工作，积极了解和关心职工的思想、工作和生活，推动党的知识分子政策的贯彻落实。组织职工搞好本单位的民主选举、民主协商、民主决策、民主管理和民主监督，为发挥职工的聪明才智创造良好的条件。

第三十条 基层工会委员会根据工作需要，可以在分厂、车间（科室）建立分厂、车间（科室）工会委员会。分厂、车间（科室）工会委员会由分厂、车间（科室）会员大会或者会员代表大会选举产生，任期和基层工会委员会相同。

基层工会委员会和分厂、车间（科室）工会委员会，可以根据需要设若干专门委员会或者专门小组。

按照生产（行政）班组建立工会小组，民主选举工会小组长，积极开展工会小组活动。

第六章 工 会 干 部

第三十一条 各级工会组织按照革命化、年轻化、知识化、专业化的要求,落实新时代好干部标准,努力建设一支坚持党的基本路线,熟悉本职业务,热爱工会工作,受到职工信赖的干部队伍。

第三十二条 工会干部要努力做到:

(一)认真学习马克思列宁主义、毛泽东思想、邓小平理论、"三个代表"重要思想、科学发展观、习近平新时代中国特色社会主义思想,学习党的基本知识和党的历史,学习政治、经济、历史、文化、法律、科技和工会业务等知识,提高政治能力、思维能力、实践能力,增强推动高质量发展本领、服务群众本领、防范化解风险本领。

(二)执行党的基本路线和各项方针政策,遵守国家法律、法规,在改革开放和社会主义现代化建设中勇于开拓创新。

(三)信念坚定,忠于职守,勤奋工作,敢于担当,廉洁奉公,顾全大局,维护团结。

(四)坚持实事求是,认真调查研究,如实反映职工的意见、愿望和要求。

(五)坚持原则,不谋私利,热心为职工说话办事,依法维护职工的合法权益。

(六)作风民主,联系群众,增强群众意识和群众感情,自觉接受职工群众的批评和监督。

第三十三条 各级工会组织根据有关规定管理工会干部,重视发现培养和选拔优秀年轻干部、女干部、少数民族干部,成为培养干部的重要基地。

基层工会主席、副主席任期未满不得随意调动其工作。因工作需要调动时，应事先征得本级工会委员会和上一级工会同意。

县和县以上工会可以为基层工会选派、聘用社会化工会工作者等工作人员。

第三十四条 各级工会组织建立与健全干部培训制度。办好工会干部院校和各种培训班。

第三十五条 各级工会组织关心工会干部的思想、学习和生活，督促落实相应的待遇，支持他们的工作，坚决同打击报复工会干部的行为作斗争。

县和县以上工会设立工会干部权益保障金，保障工会干部依法履行职责。

第七章 工会经费和资产

第三十六条 工会经费的来源：

（一）会员交纳的会费。

（二）企业、事业单位、机关、社会组织按全部职工工资总额的百分之二向工会拨缴的经费或者建会筹备金。

（三）工会所属的企业、事业单位上缴的收入。

（四）人民政府和企业、事业单位、机关、社会组织的补助。

（五）其他收入。

第三十七条 工会经费主要用于为职工服务和开展工会活动。各级工会组织应坚持正确使用方向，加强预算管理，优化支出结构，开展监督检查。

第三十八条 县和县以上各级工会应当与税务、财政等有关部门合作，依照规定做好工会经费收缴和应当由财政负担的工会经费拨缴工作。

未成立工会的企业、事业单位、机关、社会组织,按工资总额的百分之二向上级工会拨缴工会建会筹备金。

具备社会团体法人资格的工会应当依法设立独立经费账户。

第三十九条　工会资产是社会团体资产,中华全国总工会对各级工会的资产拥有终极所有权。各级工会依法依规加强对工会资产的监督、管理,保护工会资产不受损害,促进工会资产保值增值。根据经费独立原则,建立预算、决算、资产监管和经费审查监督制度。实行"统一领导、分级管理"的财务体制、"统一所有、分级监管、单位使用"的资产监管体制和"统一领导、分级管理、分级负责、下审一级"的经费审查监督体制。工会经费、资产的管理和使用办法以及工会经费审查监督制度,由中华全国总工会制定。

第四十条　各级工会委员会按照规定编制和审批预算、决算,定期向会员大会或者会员代表大会和上一级工会委员会报告经费收支和资产管理情况,接受上级和同级工会经费审查委员会审查监督。

第四十一条　工会经费、资产和国家及企业、事业单位等拨给工会的不动产和拨付资金形成的资产受法律保护,任何单位和个人不得侵占、挪用和任意调拨;不经批准,不得改变工会所属企业、事业单位的隶属关系和产权关系。

工会组织合并,其经费资产归合并后的工会所有;工会组织撤销或者解散,其经费资产由上级工会处置。

第八章　会　徽

第四十二条　中国工会会徽,选用汉字"中"、"工"两字,经艺术造型呈圆形重叠组成,并在两字外加一圆线,象征中国工会和中国工人阶级的团结统一。会徽的制作标准,由中华全国总工会规定。

第四十三条 中国工会会徽,可在工会办公地点、活动场所、会议会场悬挂,可作为纪念品、办公用品上的工会标志,也可以作为徽章佩戴。

第九章 附 则

第四十四条 本章程解释权属于中华全国总工会。

企业工会工作条例

(2006年12月11日中华全国总工会第十四届执行委员会第四次全体会议通过)

第一章 总 则

第一条 为加强和改进企业工会工作,发挥企业工会团结组织职工、维护职工权益、促进企业发展的重要作用,根据《工会法》、《劳动法》和《中国工会章程》,制定本条例。

第二条 企业工会是中华全国总工会的基层组织,是工会的重要组织基础和工作基础,是企业工会会员和职工合法权益的代表者和维护者。

第三条 企业工会以邓小平理论和"三个代表"重要思想为指导,贯彻科学发展观,坚持全心全意依靠工人阶级根本指导方针,走中国特色社会主义工会发展道路,落实"组织起来、切实维权"的工作方针，团结和动员职工为实现全面建设小康社会宏伟目标作贡献。

第四条 企业工会贯彻促进企业发展、维护职工权益的工作原则，协调企业劳动关系，推动建设和谐企业。

第五条 企业工会在本企业党组织和上级工会的领导下，依照法律和工会章程独立自主地开展工作，密切联系职工群众，关心职工群众生产生活，热忱为职工群众服务，努力建设成为组织健全、维权到位、工作活跃、作用明显、职工信赖的职工之家。

第二章　企业工会组织

第六条 企业工会依法组织职工加入工会，维护职工参加工会的权利。

第七条 会员二十五人以上的企业建立工会委员会；不足二十五人的可以单独建立工会委员会，也可以由两个以上企业的会员按地域或行业联合建立基层工会委员会。同时按有关规定建立工会经费审查委员会、工会女职工委员会。

企业工会具备法人条件的，依法取得社会团体法人资格，工会主席是法定代表人。

企业工会受法律保护，任何组织和个人不得随意撤销或将工会工作机构合并、归属到其他部门。

企业改制须同时建立健全工会组织。

第八条 会员大会或会员代表大会是企业工会的权力机关，每年召开一至两次会议。经企业工会委员会或三分之一以上会员提议可临时召开会议。

会员代表大会的代表由会员民主选举产生，会员代表实行常任制,任期与企业本届工会委员会相同,可连选连任。

会员在一百人以下的企业工会应召开会员大会。

第九条 会员大会或会员代表大会的职权:

(一)审议和批准工会委员会的工作报告。

(二)审议和批准工会委员会的经费收支情况报告和经费审查委员会的工作报告。

(三)选举工会委员会和经费审查委员会。

(四)听取工会主席、副主席的述职报告,并进行民主评议。

(五)撤换或者罢免其所选举的代表或者工会委员会组成人员。

(六)讨论决定工会工作其他重大问题。

第十条 会员大会或会员代表大会与职工代表大会或职工大会须分别行使职权,不得相互替代。

第十一条 企业工会委员会由会员大会或会员代表大会差额选举产生,选举结果报上一级工会批准,每届任期三年或者五年。

大型企业工会经上级工会批准,可设立常务委员会,负责工会委员会的日常工作,其下属单位可建立工会委员会。

第十二条 企业工会委员会是会员大会或会员代表大会的常设机构,对会员大会或会员代表大会负责,接受会员监督。在会员大会或会员代表大会闭会期间,负责日常工作。

第十三条 企业工会委员会根据工作需要,设立相关工作机构或专门工作委员会、工作小组。

工会专职工作人员一般按不低于企业职工人数的千分之三配备,具体人数由上级工会、企业工会与企业行政协商确定。

根据工作需要和经费许可,工会可从社会聘用工会工作人员,建立专兼职相结合的干部队伍。

第十四条　企业工会委员会实行民主集中制，重要问题须经集体讨论作出决定。

第十五条　企业工会委员（常委）会一般每季度召开一次会议，讨论或决定以下问题：

（一）贯彻执行会员大会或会员代表大会决议和党组织、上级工会有关决定、工作部署的措施。

（二）提交会员大会或会员代表大会的工作报告和向党组织、上级工会的重要请示、报告。

（三）工会工作计划和总结。

（四）向企业提出涉及企业发展和职工权益重大问题的建议。

（五）工会经费预算执行情况及重大财务支出。

（六）由工会委员会讨论和决定的其他问题。

第十六条　企业生产车间、班组建立工会分会、工会小组，会员民主选举工会主席、工会小组长，组织开展工会活动。

第十七条　建立工会积极分子队伍，发挥工会积极分子作用。

第三章　基本任务和活动方式

第十八条　企业工会的基本任务：

（一）执行会员大会或会员代表大会的决议和上级工会的决定。

（二）组织职工依法通过职工代表大会或职工大会和其他形式，参加企业民主管理和民主监督，检查督促职工代表大会或职工大会决议的执行。

（三）帮助和指导职工与企业签订劳动合同。就劳动报酬、工作时间、劳动定额、休息休假、劳动安全卫生、保险福利等与企业平等协商、签订集体合同，并监督集体合同的履行。调解劳动争议。

（四）组织职工开展劳动竞赛、合理化建议、技术革新、技术攻关、技术协作、发明创造、岗位练兵、技术比赛等群众性经济技术创新活动。

（五）组织培养、评选、表彰劳动模范，负责做好劳动模范的日常管理工作。

（六）对职工进行思想政治教育，组织职工学习文化、科学和业务知识，提高职工素质。办好职工文化、教育、体育事业，开展健康的文化体育活动。

（七）协助和督促企业做好劳动报酬、劳动安全卫生和保险福利等方面的工作，监督有关法律法规的贯彻执行。参与劳动安全卫生事故的调查处理。协助企业办好职工集体福利事业，做好困难职工帮扶救助工作，为职工办实事、做好事、解难事。

（八）维护女职工的特殊利益。

（九）加强组织建设，健全民主生活，做好会员会籍管理工作。

（十）收好、管好、用好工会经费，管理好工会资产和工会企（事）业。

第十九条 坚持群众化、民主化，实行会务公开。凡涉及会员群众利益的重要事项，须经会员大会或会员代表大会讨论决定；工作计划、重大活动、经费收支等情况接受会员监督。

第二十条 按照会员和职工群众的意愿，依靠会员和职工群众，开展形式多样的工会活动。

第二十一条 工会召开会议或者组织职工活动，需要占用生产时间的，应当事先征得企业的同意。

工会非专职委员占用生产或工作时间参加会议或者从事工会工作，在法律规定的时间内工资照发，其他待遇不受影响。

第二十二条 开展建设职工之家活动，建立会员评议建家工作制度，增强工会凝聚力，提高工会工作水平。

推动企业关爱职工，引导职工热爱企业，创建劳动关系和谐企业。

第四章　工　会　主　席

第二十三条　职工二百人以上的企业工会依法配备专职工会主席。由同级党组织负责人担任工会主席的，应配备专职工会副主席。

第二十四条　国有、集体及其控股企业工会主席候选人，应由同级党组织和上级工会在充分听取会员意见的基础上协商提名。工会主席按企业党政同级副职级条件配备，是共产党员的应进入同级党组织领导班子。专职工会副主席按不低于企业中层正职配备。

私营企业、外商投资企业、港澳台商投资企业工会主席候选人，由会员民主推荐，报上一级工会同意提名；也可以由上级工会推荐产生。工会主席享受企业行政副职待遇。

企业行政负责人、合伙人及其近亲属不得作为本企业工会委员会成员的人选。

第二十五条　工会主席、副主席可以由会员大会或会员代表大会直接选举产生，也可以由企业工会委员会选举产生。工会主席出现空缺，须按民主程序及时进行补选。

第二十六条　工会主席应当具备下列条件：

（一）政治立场坚定，热爱工会工作。

（二）具有与履行职责相应的文化程度、法律法规和生产经营管理知识。

（三）作风民主，密切联系群众，热心为会员和职工服务。

（四）有较强的协调劳动关系和组织活动能力。

第二十七条 企业工会主席的职权：

（一）负责召集工会委员会会议，主持工会日常工作。

（二）参加企业涉及职工切身利益和有关生产经营重大问题的会议，反映职工的意愿和要求，提出工会的意见。

（三）以职工方首席代表的身份，代表和组织职工与企业进行平等协商、签订集体合同。

（四）代表和组织职工参与企业民主管理。

（五）代表和组织职工依法监督企业执行劳动安全卫生等法律法规，要求纠正侵犯职工和工会合法权益的行为。

（六）担任劳动争议调解委员会主任，主持企业劳动争议调解委员会的工作。

（七）向上级工会报告重要信息。

（八）负责管理工会资产和经费。

第二十八条 按照法律规定，企业工会主席、副主席任期未满时，不得随意调动其工作。因工作需要调动时，应征得本级工会委员会和上一级工会的同意。

罢免工会主席、副主席必须召开会员大会或会员代表大会讨论，非经会员大会全体会员或者会员代表大会全体代表无记名投票过半数通过，不得罢免。

工会专职主席、副主席或者委员自任职之日起，其劳动合同期限自动延长，延长期限相当于其任职期间；非专职主席、副主席或者委员自任职之日起，其尚未履行的劳动合同期限短于任期的，劳动合同期限自动延长至任期期满。任职期间个人严重过失或者达到法定退休年龄的除外。

第二十九条 新任企业工会主席、副主席，应在一年内参加上级工会举办的上岗资格或业务培训。

第五章　工作机制和制度

第三十条　帮助和指导职工签订劳动合同。代表职工与企业协商确定劳动合同文本的主要内容和条件，为职工签订劳动合同提供法律、技术等方面的咨询和服务。监督企业与所有职工签订劳动合同。

工会对企业违反法律法规和有关合同规定解除职工劳动合同的，应提出意见并要求企业将处理结果书面通知工会。工会应对企业经济性裁员事先提出同意或否决的意见。

监督企业和引导职工严格履行劳动合同，依法督促企业纠正违反劳动合同的行为。

第三十一条　依法与企业进行平等协商，签订集体合同和劳动报酬、劳动安全卫生、女职工特殊权益保护等专项集体合同。

工会应将劳动报酬、工作时间、劳动定额、保险福利、劳动安全卫生等问题作为协商重点内容。

工会依照民主程序选派职工协商代表，可依法委托本企业以外的专业人士作为职工协商代表，但不得超过本方协商代表总数的三分之一。

小型企业集中的地方，可由上一级工会直接代表职工与相应的企业组织或企业进行平等协商，签订区域性、行业性集体合同或专项集体合同。

劳务派遣工集中的企业，工会可与企业、劳务公司共同协商签订集体合同。

第三十二条　工会发出集体协商书面要约二十日内，企业不予回应的，工会可要求上级工会协调；企业无正当理由拒绝集体协商的，工会可提请县级以上人民政府责令改正，依法处理；企业违反集体合同规定的,工会可依法要求企业承担责任。

第三十三条 企业工会是职工代表大会或职工大会的工作机构,负责职工代表大会或职工大会的日常工作。

职工代表大会的代表经职工民主选举产生。职工代表大会中的一线职工代表一般不少于职工代表总数的百分之五十。女职工、少数民族职工代表应占相应比例。

第三十四条 国有企业、国有控股企业职工代表大会或职工大会的职权:

(一)听取审议企业生产经营、安全生产、重组改制等重大决策以及实行厂务公开、履行集体合同情况报告,提出意见和建议。

(二)审议通过集体合同草案、企业改制职工安置方案。审查同意或否决涉及职工切身利益的重要事项和企业规章制度。

(三)审议决定职工生活福利方面的重大事项。

(四)民主评议监督企业中层以上管理人员,提出奖惩任免建议。

(五)依法行使选举权。

(六)法律法规规定的其他权利。

集体(股份合作制)企业职工代表大会或职工大会的职权:

(一)制定、修改企业章程。

(二)选举、罢免企业经营管理人员。

(三)审议决定经营管理以及企业合并、分立、变更、破产等重大事项。

(四)监督企业贯彻执行国家有关劳动安全卫生等法律法规、实行厂务公开、执行职代会决议等情况。

(五)审议决定有关职工福利的重大事项。

私营企业、外商投资企业和港澳台商投资企业职工代表大会或职工大会的职权：

（一）听取企业发展规划和年度计划、生产经营等方面的报告，提出意见和建议。

（二）审议通过涉及职工切身利益重大问题的方案和企业重要规章制度、集体合同草案等。

（三）监督企业贯彻执行国家有关劳动安全卫生等法律法规、实行厂务公开、履行集体合同和执行职代会决议、缴纳职工社会保险、处分和辞退职工的情况。

（四）法律法规、政策和企业规章制度规定及企业授权和集体协商议定的其他权利。

第三十五条 职工代表大会或职工大会应有全体职工代表或全体职工三分之二以上参加方可召开。职工代表大会或职工大会进行选举和作出重要决议、决定，须采用无记名投票方式进行表决，经全体职工代表或全体职工过半数通过。

小型企业工会可联合建立区域或行业职工代表大会，解决本区域或行业涉及职工利益的共性问题。

公司制企业不得以股东（代表）大会取代职工（代表）大会。

第三十六条 督促企业建立和规范厂务公开制度。

第三十七条 凡设立董事会、监事会的公司制企业，工会应依法督促企业建立职工董事、职工监事制度。

职工董事、职工监事人选由企业工会提名，通过职工代表大会或职工大会民主选举产生，对职工代表大会或职工大会负责。企业工会主席、副主席一般应分别作为职工董事、职工监事的候选人。

第三十八条 建立劳动法律监督委员会，职工人数较少的企业应设立工会劳动法律监督员，对企业执行有关劳动报酬、劳动安全卫生、工作时间、休息休假、女职工和未成年工保护、保险福利等劳动法律法规情况进行群众监督。

第三十九条 建立劳动保护监督检查委员会,生产班组中设立工会小组劳动保护检查员。建立完善工会监督检查、重大事故隐患和职业危害建档跟踪、群众举报等制度,建立工会劳动保护工作责任制。依法参加职工因工伤亡事故和其他严重危害职工健康问题的调查处理。协助与督促企业落实法律赋予工会与职工安全生产方面的知情权、参与权、监督权和紧急避险权。开展群众性安全生产活动。

依照国家法律法规对企业新建、扩建和技术改造工程中的劳动条件和安全卫生设施与主体工程同时设计、同时施工、同时使用进行监督。

发现企业违章指挥、强令工人冒险作业,或者生产过程中发现明显重大事故隐患和职业危害,工会应提出解决的建议;发现危及职工生命安全的情况,工会有权组织职工撤离危险现场。

第四十条 依法建立企业劳动争议调解委员会,劳动争议调解委员会由职工代表、企业代表和工会代表组成,办事机构设在企业工会。职工代表和工会代表的人数不得少于调解委员会成员总数的三分之二。

建立劳动争议预警机制,发挥劳动争议调解组织的预防功能,设立建立企业劳动争议信息员制度,做好劳动争议预测、预报、预防工作。

企业发生停工、怠工事件,工会应当积极同企业或者有关方面协商,反映职工的意见和要求并提出解决意见,协助企业做好工作,尽快恢复生产、工作秩序。

第四十一条 开展困难职工生活扶助、医疗救助、子女就学和职工互助互济等工作。有条件的企业工会建立困难职工帮扶资金。

第六章　女职工工作

第四十二条　企业工会有女会员十名以上的，应建立工会女职工委员会，不足十名的应设女职工委员。

女职工委员会在企业工会委员会领导和上一级工会女职工委员会指导下开展工作。

女职工委员会主任由企业工会女主席或副主席担任。企业工会没有女主席或副主席的，由符合相应条件的工会女职工委员担任，享受同级工会副主席待遇。

女职工委员会委员任期与同级工会委员会委员相同。

第四十三条　女职工委员会依法维护女职工的合法权益，重点是女职工经期、孕期、产期、哺乳期保护，禁忌劳动、卫生保健、生育保险等特殊利益。

第四十四条　女职工委员会定期研究涉及女职工特殊权益问题，向企业工会委员会和上级女职工委员会报告工作，重要问题应提交企业职工代表大会或职工大会审议。

第四十五条　企业工会应为女职工委员会开展工作与活动提供必要的经费。

第七章　工会经费和资产

第四十六条　督促企业依法按每月全部职工工资总额的百分之二向工会拨缴经费、提供工会办公和开展活动的必要设施和场所等物质条件。

第四十七条　工会依法设立独立银行账户，自主管理和使用工会经费、会费。工会经费、会费主要用于为职工服务和工会活动

第四十八条 督促企业按国家有关规定支付工会会同企业开展的职工教育培训、劳动保护、劳动竞赛、技术创新、职工疗休养、困难职工补助、企业文化建设等工作所需费用。

第四十九条 工会经费审查委员会代表会员群众对工会经费收支和财产管理进行审查监督。

建立经费预算、决算和经费审查监督制度，经费收支情况接受同级工会经费审查委员会审查，接受上级工会审计，并定期向会员大会或会员代表大会报告。

第五十条 企业工会经费、财产和企业拨给工会使用的不动产受法律保护，任何单位和个人不得侵占、挪用和任意调拨。

企业工会组织合并，其经费财产归合并后的工会所有；工会组织撤销或解散，其经费财产由上级工会处置。

第八章　工会与企业党组织、行政和上级工会

第五十一条 企业工会接受同级党组织和上级工会双重领导，以同级党组织领导为主。未建立党组织的企业，其工会由上一级工会领导。

第五十二条 企业工会与企业行政具有平等的法律地位，相互尊重、相互支持、平等合作，共谋企业发展。

企业工会与企业可以通过联席会、民主议事会、民主协商会、劳资恳谈会等形式，建立协商沟通制度。

第五十三条 企业工会支持企业依法行使经营管理权，动员和组织职工完成生产经营任务。

督促企业按照有关规定，按职工工资总额的百分之一点五至百分之二点五、百分之一分别提取职工教育培训费用和劳动竞赛奖励经费，并严格管理和使用。

第五十四条　企业行政应依法支持工会履行职责，为工会开展工作创造必要条件。

第五十五条　上级工会负有对企业工会指导和服务的职责，为企业工会开展工作提供法律、政策、信息、培训和会员优惠等方面的服务，帮助企业工会协调解决工作中的困难和问题。

企业工会在履行职责遇到困难时，可请上级工会代行企业工会维权职责。

第五十六条　县以上地方工会设立保护工会干部专项经费，为维护企业工会干部合法权益提供保障。经费来源从本级工会经费中列支，也可以通过其它渠道多方筹集。

建立上级工会保护企业工会干部责任制。对因履行职责受到打击报复或不公正待遇以及有特殊困难的企业工会干部，上级工会应提供保护和帮助。

上级工会与企业工会、企业行政协商，可对企业工会兼职干部给予适当补贴。

第五十七条　上级工会应建立对企业工会干部的考核、激励机制，对依法履行职责作出突出贡献的工会干部给予表彰奖励。

工会主席、副主席不履行职责，上级工会应责令其改正；情节严重的可以提出罢免的建议，按照有关规定予以罢免。

第九章　附　　则

第五十八条　本条例适用于中华人民共和国境内所有企业和实行企业化管理的事业单位工会。

第五十九条　本条例由中华全国总工会解释。

第六十条　本条例自公布之日起施行。

机关工会工作暂行条例

(2015 年 6 月 26 日　总工发〔2015〕27 号)

第一章　总　　则

第一条　为加强机关工会工作制度化、规范化建设,充分发挥机关工会作用,根据《中华人民共和国工会法》和《中国工会章程》,制定本条例。

第二条　机关工会是指党的机关、人大机关、行政机关、政协机关、审判机关、检察机关,各民主党派和工商联的机关,以及使用国家行政编制的人民团体和群众团体机关等依法建立的工会组织。

第三条　机关工会必须坚持党的领导,在同级机关党组织领导下,依照法律和《中国工会章程》独立自主地开展工作,依法行使权利和履行义务。

第四条　机关工会以马克思列宁主义、毛泽东思想、邓小平理论、"三个代表"重要思想、科学发展观为指导,深入贯彻习近平总书记系列重要讲话精神,坚持正确政治方向,在思想上、政治上、行动上同党中央保持一致,坚定不移走中国特色社会主义工会发展道路,认真履行工会各项社会职能,团结动员机关职工为完成机关各项任务作贡献,在全面建成小康社会、实现中华民族伟大复兴的中国梦的历史进程中充分发挥作用。

第五条　机关工会坚持以改革创新精神加强自身建设,坚持群众化、民主化、制度化,改进工作作风,保持同职工的密切联系，依靠职工开展工作，把机关工会组织建设成职工群众信赖的"职工之家"，把工会干部锤炼成听党话、跟党走、职工群众信赖的"娘家人"。

第二章 组 织 建 设

第六条 机关单位应当依法建立工会组织。有会员二十五人以上的，应当建立机关工会委员会；不足二十五人的，可以单独建立机关工会委员会，也可以由两个以上单位的会员联合建立机关工会委员会，也可以选举工会主席一人，主持工会工作。

机关内设部门及机构，可以建立机关工会分会或者工会小组。

会员人数较多的工会组织，可以根据需要设立相应的专门工作委员会，承担工会委员会的有关工作。

第七条 机关工会组织按照民主集中制原则建立。工会委员会由会员大会或者会员代表大会民主选举产生，选举结果报上一级工会批准。

机关工会接受同级机关党组织和上级工会双重领导，以同级机关党组织领导为主。

第八条 机关工会委员会每届任期三至五年，具体任期由会员大会或者会员代表大会决定。

机关工会委员会应当按期换届。因故提前或者延期换届的，应当报上一级工会批准。任期届满未换届的，上级工会有权督促其限期进行换届。

第九条 机关工会委员会具备条件的，应当依法申请取得工会法人资格，工会主席或者主持工作的副主席为法定代表人。

第十条 各省、自治区、直辖市，设区的市（地）和自治州

(盟)、县（区、旗）、自治县、不设区的市所属机关，经同级地方工会或者其派出机关批准，成立机关工会委员会或者联合机关工会委员会。

各省、自治区、直辖市，设区的市（地）和自治州（盟），县（区、旗）、自治县、不设区的市，经同级地方工会批准，可以成立地方机关工会联合会，也可以设立地方机关工会工作委员会，领导本级各机关工会委员会或者联合机关工会委员会。

地方机关工会联合会或者地方机关工会工作委员会以同级地方直属机关党的工作委员会领导为主，同时接受地方工会的领导。

第十一条 中央直属机关工会联合会、中央国家机关工会联合会的建立，由中华全国总工会批准。中央直属机关工会联合会、中央国家机关工会联合会以中央直属机关工作委员会、中央国家机关工作委员会领导为主，同时接受中华全国总工会的领导。

中央和国家机关各部委、各人民团体机关，经中央直属机关工会联合会或者中央国家机关工会联合会批准，成立机关工会委员会。

第三章　工 作 职 责

第十二条 机关工会的职责是：

（一）加强对职工进行中国特色社会主义理论体系教育，深入开展党的基本理论、基本路线、基本纲领、基本经验、基本要求教育，培育和践行社会主义核心价值观，不断提高机关职工政治理论、思想道德、科学文化和业务素质水平。

（二）动员组织职工围绕机关中心工作，开展创先争优活动，做好先进工作者的评选、表彰、培养、管理和服务工作。

（三）加强和改进职工思想政治工作，注重人文关怀和心理疏导，开展群众性精神文明创建、文化体育活动，丰富职工精神文化生活，推动机关文化建设。

（四）配合党政机关贯彻落实《中华人民共和国公务员法》等法律法规，维护机关职工合法权益，协助党政机关解决涉及职工切身利益的问题。做好困难职工帮扶工作，组织职工参加疗养、休养及健康体检，努力为职工办实事、做好事、解难事，促进和谐机关建设。

（五）加强调查研究，反映机关职工意见和建议，参与机关内部事务民主管理、民主监督，促进机关内部事务公开，保障职工的知情权、参与权、表达权、监督权，推进机关廉政建设。

（六）加强工会组织建设，健全工会民主制度，做好会员的发展、接收、教育和会籍管理工作，加强对专（兼）职工会干部和工会积极分子的培养，深入开展建设职工之家活动。

（七）依法收好、管好、用好工会经费，管理好工会资产。

第四章　组 织 制 度

第十三条　机关工会每年至少召开一次会员大会或者会员代表大会。经机关工会委员会或者三分之一以上会员提议，可以临时召开会议。会员在一百人以下的应当召开会员大会。

会员大会和会员代表大会的主要任务是：传达党组织、上级工会的重要指示精神；审议和批准工会委员会工作报告；审议和批准工会委员会的经费收支情况报告和经费审查委员会的工作报告；选举工会委员会、经费审查委员会；讨论决定工会工作的重大问题；公开工会内部事务；民主评议监督工会工作和工会领导人。

会员代表大会代表实行常任制，任期与工会委员会相同。

第十四条　机关工会委员会主持会员大会或者会员代表大会的日常工作，向会员大会或者会员代表大会负责并报告工作，接受会员监督。

第十五条　机关工会委员会的主要任务是：负责贯彻党组织和上级工会工作部署、会员大会或者会员代表大会决议；向党组织和上级工会请示报告有关召开会员大会或者会员代表大会的重要事宜；研究制定工会工作计划和重大活动方案，提出工作报告；编制和执行工会经费预算，编报工会经费决算，审批重大支出项目；讨论和决定其他重要事项。

第十六条　机关工会委员会向同级机关党组织请示汇报以下事项：贯彻上级党组织对工会工作重要指示和上级工会重要工作部署的意见；召开会员大会或者会员代表大会的方案、工会工作报告、工作安排、重要活动及主要领导成员的推荐人选；涉及职工切身利益的重大问题及思想工作和生活情况；推荐表彰先进等事项。

第五章　干部队伍

第十七条　机关工会应当根据职工人数相应配备专（兼）职工会干部。职工人数较多的，可以配备专职工会主席。

第十八条　机关工会设专职主席的，一般按同级机关党组织副职领导干部配备；设专职副主席的，一般按相应职级的干部配备。机关工会主席是党员的，应当具备提名作为同级机关党组织常委、委员候选人的条件。

第十九条　机关工会主席、副主席和委员实行任期制，可以连选连任。

工会主席、副主席因工作需要调动时,应当征得本级工会委员会和上一级工会的同意。

工会主席、副主席缺额时,应当及时补选,空缺时间不超过半年。

第六章　工会经费和资产

第二十条　工会会员按规定标准按月缴纳会费。

建立工会组织的机关,按每月全部职工工资总额的百分之二向机关工会拨缴工会经费;由财政统一划拨经费的,工会经费列入同级财政预算,按财政统一划拨方式执行。

机关工会可以按照《中华人民共和国工会法》有关规定,向机关单位申请经费补助,以弥补工会经费不足。

上级工会有权对下级工会所在机关拨缴工会经费情况进行监督检查。对无正当理由拖延或者拒不拨缴工会经费的单位,依据《中华人民共和国工会法》相关规定处理。

第二十一条　具备社团法人资格的机关工会可以设立独立经费账户。费用支出实行工会主席签批制度。

工会经费主要用于为职工服务和工会活动。

机关工会应当按照有关规定收缴、上解工会经费,依法独立管理和使用工会经费。任何组织和个人不得截留、挪用、侵占工会经费。

第二十二条　机关工会应当根据经费独立原则建立预算、决算和经费审查制度,坚持量入为出、厉行节约、收支平衡的原则。

工会经费的收支情况应当由同级工会经费审查委员会审查,并定期向会员大会或者会员代表大会报告,采取一定方式公开,接受会员监督。工会经费的审查工作按照有关法律、规定和工会经费审查制度进行。

工会主席任期届满或者任期内离任的，应当按照规定进行经济责任审计。

第二十三条 各级人民政府和机关单位应当依法为工会办公和开展活动提供必要的设施和活动场所等物质条件。

工会经费、资产和国家拨给工会的不动产及拨付资金形成的资产，任何单位和个人不得侵占、挪用和任意调拨；未经批准，工会所属的为职工服务的企业、事业单位，其隶属关系和产权关系不得改变。

第七章　工会经费审查审计

第二十四条 会员大会或者会员代表大会在选举机关工会委员会的同时，选举产生经费审查委员会，会员人数较少的，可以选举经费审查委员一人。

经费审查委员会主任、副主任由经费审查委员会全体会议选举产生。经费审查委员会主任按同级工会副职级配备。

经费审查委员会或者经费审查委员的选举结果，与机关工会委员会的选举结果同时报上一级工会批准。

第二十五条 机关工会经费审查委员会的任期与机关工会委员会相同，向同级会员大会或者会员代表大会负责并报告工作；在会员大会或者会员代表大会闭会期间，向同级工会委员会负责并报告工作。

第二十六条 机关工会经费审查委员会审查审计同级工会组织的经费收支、资产管理等全部经济活动。

经费审查委员会对审查审计工作中的重大事项，有权向同级工会委员会和上一级经费审查委员会报告。

机关工会经费审查委员会应当接受上级工会经费审查委员会的业务指导和督促检查。

第八章　女职工工作

第二十七条　机关工会有女会员十人以上的建立女职工委员会，不足十人的设女职工委员。

女职工委员会由同级机关工会委员会提名，在充分协商的基础上组成或者选举产生，女职工委员会与工会委员会同时建立，在同级工会委员会领导下开展工作，接受上级工会女职工委员会指导，任期与同级工会委员会相同。

女职工委员会主任由机关工会女主席或者女副主席担任，也可以经民主协商，按照同级工会副主席相应条件配备女职工委员会主任。

第二十八条　机关工会女职工委员会的任务是：依法维护女职工的合法权益和特殊利益；组织开展女职工岗位建功活动；开展教育培训，全面提高女职工的思想道德、科学文化、业务技能和健康素质；关心女职工成长进步，积极发现、培养、推荐女性人才。

第二十九条　机关工会女职工委员会定期研究涉及女职工的有关问题，向机关工会委员会和上级工会女职工委员会报告工作。

机关工会应当支持女职工委员会根据女职工的特点开展工作，并提供必要的活动场地和经费。

第三十条　机关工会女职工委员会通过县以上地方工会接受妇联的业务指导。

第九章　附　　则

第三十一条　参照《中华人民共和国公务员法》管理的事业单位，适用本条例。

机关直属企业和实行企业化管理的事业单位工会，依照《企业工会工作条例》执行。

第三十二条　各省、自治区、直辖市总工会，中央直属机关工会联合会、中央国家机关工会联合会可以依据本条例，制定具体实施办法。

第三十三条　本条例由中华全国总工会负责解释。

第三十四条　本条例自公布之日起施行。

事业单位工会工作条例

（2018年9月4日　总工发〔2018〕26号）

第一章　总　　则

第一条　为深入推进新时代事业单位工会工作改革创新，充分发挥事业单位工会作用，促进事业单位改革发展，根据《中华人民共和国工会法》《中国工会章程》，制定本条例。

第二条　本条例所指事业单位工会是指国家为了社会公益目的，由国家机关举办或者其他社会组织利用国有资产举办的，从事教育、科技、文化、卫生、体育等活动的社会服务组织中依法建立的工会组织。

第三条 事业单位工会以马克思列宁主义、毛泽东思想、邓小平理论、"三个代表"重要思想、科学发展观、习近平新时代中国特色社会主义思想为指导，坚持正确政治方向，坚持围绕中心、服务大局，牢牢把握为实现中华民族伟大复兴的中国梦而奋斗的工人运动时代主题，坚定不移走中国特色社会主义工会发展道路，推进事业单位工会制度化、规范化建设，加强维权服务，积极创新实践，强化责任担当，团结动员事业单位职工群众为全面建成小康社会、夺取新时代中国特色社会主义伟大胜利、实现中华民族伟大复兴的中国梦作出积极贡献。

第四条 事业单位工会接受同级党组织和上级工会双重领导，以同级党组织领导为主。对不在事业单位所在地的直属单位工会，实行属地管理原则。

第五条 事业单位工会工作应遵循把握以下原则：坚持党的领导，贯彻落实党的全心全意依靠工人阶级的根本指导方针，始终保持正确的政治方向；坚持以职工为本，保持和增强政治性、先进性、群众性，发挥联系职工桥梁纽带作用；坚持依法依规，做到依法建会、依法管会、依法履职、依法维权；坚持改革创新，适应形势任务要求，积极探索实践，不断加强自身建设，把工会组织建设得更加充满活力、更加坚强有力，努力增强吸引力凝聚力战斗力。

第二章 组 织 建 设

第六条 事业单位应当依法建立工会组织，组织职工加入工会。

会员二十五人以上的事业单位建立工会委员会；不足二十五人的可以单独建立工会委员会，也可以由两个以上事业单位的会员联合建立工会基层委员会，也可以选举组织员或者工会主席一人，主持工会工作。同时按有关规定建立工会经费审查委员会、工会女职工委员会。

第七条 会员人数较多的事业单位工会组织，可以根据需要设立专门工作委员会，承担工会委员会的有关工作。

事业单位内设机构，可以建立工会分会或工会小组。

第八条 事业单位工会具备法人条件的，依法取得社团法人资格，工会主席为法定代表人。

第九条 事业单位工会受法律保护，不得随意撤销、合并或归属其他部门。

事业单位被撤销，其工会组织相应撤销，并报告上一级工会，已取得社团法人资格的，办理社团法人注销手续。

事业单位改革改制，应同时建立健全工会组织和相应机构。

第十条 会员大会或会员代表大会每年至少召开一次会议。经事业单位工会委员会或三分之一以上会员提议，可临时召开会议。

第十一条 会员代表大会的代表实行常任制，任期与本单位工会委员会相同。

第十二条 会员在一百人以下的事业单位工会应召开会员大会。

第十三条 会员大会或会员代表大会的职权：

（一）审议和批准工会委员会的工作报告；

（二）审议和批准工会委员会的经费收支情况报告和经费审查委员会的工作报告；

（三）选举工会委员会和经费审查委员会；

（四）撤换或罢免其所选举的代表或工会委员会组成人员；

（五）讨论决定工会工作其他重大问题；

（六）公开工会内部事务；

（七）民主评议和监督工会工作及工会负责人。

第十四条 会员代表大会或会员大会与职工代表大会（或职工大会，下同）须分别行使职权，不得相互替代。

第十五条 大型事业单位工会委员会，根据工作需要，经上级工会批准，可设立常务委员会，负责工会委员会的日常工作，其下属单位可建立工会委员会。

事业单位工会委员会委员和常务委员会委员应差额选举产生，可以直接采用候选人数多于应选人数的差额选举办法进行正式选举，也可以先采用差额选举办法进行预选产生候选人名单，然后进行正式选举。委员会委员和常务委员会委员的差额率分别不低于5%和10%。选举结果报上一级工会批准。

第十六条 事业单位工会委员会是会员大会或会员代表大会的常设机构，对会员大会或会员代表大会负责，接受会员监督。在会员大会或会员代表大会闭会期间，负责日常工作。

第十七条 事业单位工会委员会和经费审查委员会每届任期三年至五年，具体任期由会员大会或者会员代表大会决定。任期届满，应当如期召开会员大会或者会员代表大会，进行换届选举。特殊情况下，经上一级工会批准，可以提前或者延期举行，延期时间一般不超过半年。

第十八条 工会委员会实行民主集中制，重要人事事项、大额财务支出、资产处置、评先评优等重大问题、重要事项须经集体讨论作出决定。

第十九条 工会委员会（常委会）一般每季度召开一次会议，讨论或决定下列事项：

（一）贯彻党组织、上级工会有关决定和工作部署，执行会员大会或会员代表大会决议；

（二）向党组织、上级工会提交的重要请示、报告，向会员大会或会员代表大会提交的工作报告；

（三）工会工作计划和总结；

（四）向行政提出涉及单位发展、有关维护服务职工重大问题的建议；

（五）工会经费预算执行情况及重大财务支出；

（六）由工会委员会讨论和决定的其他事项。

第三章　职责任务

第二十条　事业单位工会的职责任务：

（一）坚持用习近平新时代中国特色社会主义思想武装头脑，认真学习贯彻党的基本理论、基本路线、基本方略，教育引导职工树立共产主义远大理想和中国特色社会主义共同理想，团结引导职工群众听党话、跟党走。

（二）培育和践行社会主义核心价值观，加强和改进职工思想政治工作，开展理想信念教育，实施道德建设工程，培养职工的社会公德、职业道德、家庭美德、个人品德，深化群众性精神文明创建活动，提高职工的思想觉悟、道德水准、文明素养。

（三）弘扬劳模精神、劳动精神、工匠精神，营造劳动光荣的社会风尚和精益求精的敬业风气，深入开展劳动和技能竞赛，开展群众性技术创新、技能培训等活动，提升职工技能技术素质，建设知识型、技能型、创新型职工队伍。

（四）加强职工文化建设，注重人文关怀和心理疏导，开展主题文化体育活动，丰富职工精神文化生活。

（五）加强以职工代表大会为基本形式的民主管理工作，深入推进事业单位内部事务公开，落实职工的知情权、参与权、表达权、监督权。

（六）做好职工维权工作，开展集体协商，构建和谐劳动人事关系，协调处理劳动人事争议，推动解决劳动就业、技能培训、工资报酬、安全健康、社会保障以及职业发展、民主权益、精神文化需求等问题。

（七）做好服务职工工作，倾听职工意见，反映职工诉求，协助党政办好职工集体福利事业，开展困难职工帮扶，组织职工参加疗养、休养及健康体检，为职工办实事、做好事、解难事。

（八）加强工会组织建设，建立健全工会内部运行和开展工作的各项制度，做好会员的发展、接转、教育和会籍管理工作，加强对专（兼）职工会干部和工会积极分子的培养，深入开展"职工之家"和"职工小家"创建活动。

（九）收好、管好、用好工会经费，管理使用好工会资产，加强工会经费和工会资产审查审计监督工作。

第四章 工 作 制 度

第二十一条 职工代表大会是事业单位实行民主管理的基本形式，是职工行使民主管理权力的机构。

事业单位职工代表大会每三年至五年为一届，每年至少召开一次。召开职工代表大会正式会议，必须有全体职工代表三分之二以上出席。

事业单位工会是职工代表大会工作机构，负责职工代表大会的日常工作。

事业单位工会承担以下与职工代表大会相关的工作职责：

（一）做好职工代表大会的筹备工作和会务工作，组织选举职工代表大会代表，征集和整理提案，提出会议议题、方案和主席团建议人选；

（二）职工代表大会闭会期间，组织传达贯彻会议精神，督促检查会议决议的落实；

（三）组织职工代表的培训，接受和处理职工代表的建议和申诉；

（四）就本单位民主管理工作向单位党组织汇报；

（五）完成职工代表大会委托的其他任务。

事业单位应当为本单位工会承担职工代表大会工作机构的职责提供必要的工作条件和经费保障。

第二十二条 事业单位的党政工联席会议，研究和解决事关职工切身利益的重要问题，由本单位工会召集。

第二十三条 建立和规范事务公开制度，协助党政做好事务公开工作，明确公开内容，拓展公开形式，并做好民主监督。

第二十四条 畅通职工表达合理诉求渠道，通过协商、协调、沟通的办法，化解劳动人事矛盾，构建和谐劳动人事关系。

第二十五条 建立健全劳动人事关系调解机制，协商解决涉及职工切身利益的问题。建立和完善科学有效的利益协调机制、诉求表达机制、权益保障机制。建立劳动人事关系争议预警机制，做好劳动人事关系争议预测、预报、预防工作。事业单位工会应当积极同有关方面协商，表达职工诉求，提出解决的意见建议。

第五章　自　身　建　设

第二十六条 事业单位依法依规设置工会工作机构，明确主要职责、机构规格、领导职数和编制数额。

第二十七条 事业单位工会主席应以专职为主，兼职为辅。

职工两百人以上的事业单位，设专职工会主席。工会专职工作人员的具体人数由事业单位工会与单位行政协商确定。根据工作需要和经费许可，事业单位工会可从社会聘用工会工作人员，建立专兼职相结合的干部队伍。

事业单位工会主席、副主席和委员实行任期制，可以连选连任。

工会主席、副主席因工作需要调动时，应当征得本级工会委员会和上一级工会的同意。

工会主席、副主席空缺时，应当及时补选，空缺期限一般不超过半年。

第二十八条　突出政治标准，选优配强事业单位工会领导班子和干部队伍，牢固树立政治意识、大局意识、核心意识、看齐意识，坚定道路自信、理论自信、制度自信、文化自信，坚决维护党中央权威和集中统一领导。按照既要政治过硬、又要本领高强的要求，建设忠诚干净担当的高素质事业单位工会干部队伍，注重培养专业能力、专业精神，提高做好群众工作本领。

第六章　工会经费和资产

第二十九条　具备社团法人资格的事业单位工会应当独立设立经费账户。工会经费支出实行工会法定代表人签批制度。

事业单位工会经费主要用于为职工服务和工会活动。

第三十条　工会会员按规定标准和程序缴纳会费。

建立工会组织的事业单位，按每月全部职工工资总额的百分之二向事业单位工会拨缴工会经费；由财政统一划拨经费的，工会经费列入同级财政预算，按财政统一划拨方式执行。

事业单位工会因工作需要，可以依据《中华人民共和国工会法》等有关规定，向单位行政申请经费补助。

上级工会有权对下级工会所在事业单位拨缴工会经费情况进行监督检查。对无正当理由拖延或者拒不拨缴工会经费的单位，依据《中华人民共和国工会法》等有关规定处理。

事业单位工会应当按照有关规定收缴、上解工会经费，依法独立管理和使用工会经费。任何组织和个人不得截留、挪用、侵占工会经费。

第三十一条 事业单位工会应当根据经费独立原则建立预算、决算和经费审查审计制度，坚持遵纪守法、经费独立、预算管理、服务职工、勤俭节约、民主管理的原则。事业单位工会应当建立健全财务制度，完善经费使用流程和程序，各项收支实行工会委员会集体领导下的主席负责制，重大收支必须集体研究决定。

事业单位工会应根据国家和全国总工会的有关政策规定以及上级工会的要求，依法、科学、完整、合理地编制工会经费年度预（决）算，按程序报上一级工会批准，严禁无预算、超预算使用工会经费。

第三十二条 各级人民政府和事业单位应当依法为事业单位工会办公和开展活动提供必要的设施和活动场所等物质条件。

工会经费、资产和国家拨给工会的不动产及拨付资金形成的资产，任何单位和个人不得侵占、挪用和任意调拨。

第七章 工会经费审查审计

第三十三条 会员大会或者会员代表大会在选举事业单位工会委员会的同时，选举产生经费审查委员会，会员人数较少的，可以选举经费审查委员一人。

经费审查委员会主任、副主任由经费审查委员会全体会议选举产生。经费审查委员会主任按同级工会副职级配备。

经费审查委员会或者经费审查委员的选举结果，与事业单位工会委员会的选举结果同时报上一级工会批准。

第三十四条　事业单位工会经费审查委员会的任期与事业单位工会委员会相同，向同级会员大会或者会员代表大会负责并报告工作；在会员大会或者会员代表大会闭会期间，向同级工会委员会负责并报告工作；事业单位工会经费审查委员会应当接受上级工会经费审查委员会的业务指导和督促检查。

第三十五条　事业单位工会经费审查委员会审查审计同级工会组织的经费收支、资产管理等全部经济活动，定期向会员大会或者会员代表大会报告，并采取一定方式公开，接受会员监督。

经费审查委员会对审查审计工作中的重大事项，有权向同级工会委员会和上一级经费审查委员会报告。

工会主席任期届满或者任期内离任的，应当按照规定对其进行经济责任审计。

第八章　女职工工作

第三十六条　事业单位工会有女会员十人以上的建立工会女职工委员会，不足十人的设女职工委员。

女职工委员会与工会委员会同时建立，在同级工会委员会领导下开展工作，接受上级工会女职工委员会指导，任期与同级工会委员会相同。女职工委员会委员由同级工会委员会提名，在充分协商的基础上组成或者选举产生。

女职工委员会主任由事业单位工会女主席或者女副主席担任，也可以经民主协商，按照同级工会副主席相应条件选配女职工委员会主任。

第三十七条　女职工委员会的基本任务是：依法维护女职工的合法权益和特殊利益；组织实施女职工提升素质建功立业工程，全面提高女职工的思想道德、科学文化和业务技能素质；开展家庭文明建设工作；关注女职工身心健康，做好关爱帮困工作；加强工会女职工工作的理论政策研究；关心女职工成长进步，积极发现、培养、推荐女性人才。

第三十八条　女职工委员会定期研究涉及女职工的有关问题，向同级工会委员会和上级工会女职工委员会报告工作，重要问题应提交职工代表大会审议。

事业单位工会应为女职工委员会开展工作与活动提供必要的场地和经费。

第九章　附　　则

第三十九条　民办非企业单位（社会服务机构）工会参照本条例执行。

第四十条　参照公务员法管理的事业单位工会和承担行政职能的事业单位工会，依照《机关工会工作暂行条例》执行。

从事生产经营活动的事业单位工会，依照《企业工会工作条例》执行。

第四十一条　各省、自治区、直辖市总工会可依据本条例，制定具体实施办法。

第四十二条　本条例由中华全国总工会负责解释。

第四十三条　本条例自公布之日起施行。

工会基层组织选举工作条例

(2016年10月9日　总工发〔2016〕27号)

第一章　总　　则

第一条　为规范工会基层组织选举工作，加强基层工会建设，发挥基层工会作用，根据《中华人民共和国工会法》《中国工会章程》等有关规定，制定本条例。

第二条　本条例适用于企业、事业单位、机关和其他社会组织单独或联合建立的基层工会委员会。

第三条　基层工会委员会由会员大会或会员代表大会选举产生。工会委员会的主席、副主席，可以由会员大会或会员代表大会直接选举产生，也可以由工会委员会选举产生。

第四条　工会会员享有选举权、被选举权和表决权。保留会籍的人员除外。

第五条　选举工作应坚持党的领导，坚持民主集中制，遵循依法规范、公开公正的原则，尊重和保障会员的民主权利，体现选举人的意志。

第六条　选举工作在同级党组织和上一级工会领导下进行。未建立党组织的在上一级工会领导下进行。

第七条　基层工会委员会换届选举的筹备工作由上届工会委员会负责。

新建立的基层工会组织选举筹备工作由工会筹备组负责。筹备组成员由同级党组织代表和职工代表组成，根据工作需要，上级工会可以派人参加。

第二章 委员和常务委员名额

第八条 基层工会委员会委员名额，按会员人数确定：

不足25人，设委员3至5人，也可以设主席或组织员1人；

25人至200人，设委员3至7人；

201人至1000人，设委员7至15人；

1001人至5000人，设委员15至21人；

5001人至10000人，设委员21至29人；

10001人至50000人，设委员29至37人；

50001人以上，设委员37至45人。

第九条 大型企事业单位基层工会委员会，经上一级工会批准，可以设常务委员会，常务委员会由9至11人组成。

第三章 候选人的提出

第十条 基层工会委员会的委员、常务委员会委员和主席、副主席的选举均应设候选人。候选人应信念坚定、为民服务、勤政务实、敢于担当、清正廉洁，热爱工会工作，受到职工信赖。

基层工会委员会委员候选人中应有适当比例的劳模（先进工作者）、一线职工和女职工代表。

第十一条 单位行政主要负责人、法定代表人、合伙人以及他们的近亲属不得作为本单位工会委员会委员、常务委员会委员和主席、副主席候选人。

第十二条 基层工会委员会的委员候选人，应经会员充分酝酿讨论，一般以工会分会或工会小组为单位推荐。由上届工会委员会或工会筹备组根据多数工会分会或工会小组的意见,提出候选人建议名单,报经同级党组织和上一级工会审查同意后,提交会员大会或会员代表大会表决通过。

第十三条 基层工会委员会的常务委员会委员、主席、副主席候选人,可以由上届工会委员会或工会筹备组根据多数工会分会或工会小组的意见提出建议名单,报经同级党组织和上一级工会审查同意后提出;也可以由同级党组织与上一级工会协商提出建议名单,经工会分会或工会小组酝酿讨论后,由上届工会委员会或工会筹备组根据多数工会分会或工会小组的意见,报经同级党组织和上一级工会审查同意后提出。

根据工作需要,经上一级工会与基层工会和同级党组织协商同意,上一级工会可以向基层工会推荐本单位以外人员作为工会主席、副主席候选人。

第十四条 基层工会委员会的主席、副主席,在任职一年内应按规定参加岗位任职资格培训。凡无正当理由未按规定参加岗位任职资格培训的,一般不再提名为下届主席、副主席候选人。

第四章 选举的实施

第十五条 基层工会组织实施选举前应向同级党组织和上一级工会报告,制定选举工作方案和选举办法。

基层工会委员会委员候选人建议名单应进行公示,公示期不少于5个工作日。

第十六条 会员不足100人的基层工会组织,应召开会员大会进行选举;会员100人以上的基层工会组织,应召开会员大会或会员代表大会进行选举。

召开会员代表大会进行选举的,按照有关规定由会员民主选举产生会员代表。

第十七条 参加选举的人数为应到会人数的三分之二以上时，方可进行选举。

基层工会委员会委员和常务委员会委员应差额选举产生，可以直接采用候选人数多于应选人数的差额选举办法进行正式选举，也可以先采用差额选举办法进行预选产生候选人名单，然后进行正式选举。委员会委员和常务委员会委员的差额率分别不低于5%和10%。常务委员会委员应从新当选的工会委员会委员中产生。

第十八条 基层工会主席、副主席可以等额选举产生，也可以差额选举产生。主席、副主席应从新当选的工会委员会委员中产生，设立常务委员会的应从新当选的常务委员会委员中产生。

第十九条 基层工会主席、副主席由会员大会或会员代表大会直接选举产生的，一般在经营管理正常、劳动关系和谐、职工队伍稳定的中小企事业单位进行。

第二十条 召开会员大会进行选举时，由上届工会委员会或工会筹备组主持；不设委员会的基层工会组织进行选举时，由上届工会主席或组织员主持。

召开会员代表大会进行选举时，可以由大会主席团主持，也可以由上届工会委员会或工会筹备组主持。大会主席团成员由上届工会委员会或工会筹备组根据各代表团（组）的意见，提出建议名单，提交代表大会预备会议表决通过。

召开基层工会委员会第一次全体会议选举常务委员会委员、主席、副主席时，由上届工会委员会或工会筹备组或大会主席团推荐一名新当选的工会委员会委员主持。

第二十一条 选举前，上届工会委员会或工会筹备组或大会主席团应将候选人的名单、简历及有关情况向选举人介绍。

第二十二条 选举设监票人，负责对选举全过程进行监督。

召开会员大会或会员代表大会选举时,监票人由全体会员或会员代表、各代表团(组)从不是候选人的会员或会员代表中推选,经会员大会或会员代表大会表决通过。

召开工会委员会第一次全体会议选举时,监票人从不是常务委员会委员、主席、副主席候选人的委员中推选,经全体委员会议表决通过。

第二十三条 选举采用无记名投票方式。不能出席会议的选举人,不得委托他人代为投票。

选票上候选人的名单按姓氏笔画为序排列。

第二十四条 选举人可以投赞成票或不赞成票,也可以投弃权票。投不赞成票者可以另选他人。

第二十五条 会员或会员代表在选举期间,如不能离开生产、工作岗位,在监票人的监督下,可以在选举单位设立的流动票箱投票。

第二十六条 投票结束后,在监票人的监督下,当场清点选票,进行计票。

选举收回的选票,等于或少于发出选票的,选举有效;多于发出选票的,选举无效,应重新选举。

每张选票所选人数等于或少于规定应选人数的为有效票,多于规定应选人数的为无效票。

第二十七条 被选举人获得应到会人数的过半数赞成票时,始得当选。

获得过半数赞成票的被选举人人数超过应选名额时,得赞成票多的当选。如遇赞成票数相等不能确定当选人时,应就票数相等的被选举人再次投票,得赞成票多的当选。

当选人数少于应选名额时,对不足的名额可以另行选举。如果接近应选名额且符合第八条规定,也可以由大会征得多数会员或会员代表的同意减少名额，不再进行选举。

第二十八条 大会主持人应当场宣布选举结果及选举是否有效。

第二十九条 基层工会委员会、常务委员会和主席、副主席的选举结果，报上一级工会批准。上一级工会自接到报告 15 日内应予批复。违反规定程序选举的，上一级工会不得批准，应重新选举。

基层工会委员会的任期自选举之日起计算。

第五章 任期、调动、罢免和补选

第三十条 基层工会委员会每届任期三年或五年，具体任期由会员大会或会员代表大会决定。经选举产生的工会委员会委员、常务委员会委员和主席、副主席可连选连任。基层工会委员会任期届满，应按期换届选举。遇有特殊情况，经上一级工会批准，可以提前或延期换届，延期时间一般不超过半年。

上一级工会负责督促指导基层工会组织按期换届。

第三十一条 基层工会主席、副主席任期未满时，不得随意调动其工作。因工作需要调动时，应征得本级工会委员会和上一级工会的同意。

第三十二条 经会员大会或会员代表大会民主测评和上级工会与同级党组织考察，需撤换或罢免工会委员会委员、常务委员会委员和主席、副主席时，须依法召开会员大会或会员代表大会讨论，非经会员大会全体会员或会员代表大会全体代表无记名投票过半数通过，不得撤换或罢免。

第三十三条 基层工会主席因工作调动或其他原因空缺时，应及时按照相应民主程序进行补选。

补选主席，如候选人是委员的，可以由工会委员会选举产生，也可以由会员大会或会员代表大会选举产生；如候选人不是委员的，可以经会员大会或会员代表大会补选为委员后，由工会委员会选举产生，也可以由会员大会或会员代表大会选举产生。

补选主席的任期为本届工会委员会尚未履行的期限。

补选主席前征得同级党组织和上一级工会的同意，可暂由一名副主席或委员主持工作，期限一般不超过半年。

第六章　经费审查委员会

第三十四条　凡建立一级工会财务管理的基层工会组织，应在选举基层工会委员会的同时，选举产生经费审查委员会。

第三十五条　基层工会经费审查委员会委员名额一般3至11人。经费审查委员会设主任1人，可根据工作需要设副主任1人。

基层工会的主席、分管财务和资产的副主席、财务和资产管理部门的人员，不得担任同级工会经费审查委员会委员。

第三十六条　基层工会经费审查委员会由会员大会或会员代表大会选举产生。主任、副主任可以由经费审查委员会全体会议选举产生，也可以由会员大会或会员代表大会选举产生。

第三十七条　基层工会经费审查委员会的选举结果，与基层工会委员会选举结果同时报上一级工会批准。

基层工会经费审查委员会的任期与基层工会委员会相同。

第七章　女职工委员会

第三十八条　基层工会组织有女会员10人以上的建立女职工委员会，不足10人的设女职工委员。女职工委员会与基层工会委员会同时建立。

第三十九条　基层工会女职工委员会委员由同级工会委员会

提名，在充分协商的基础上产生，也可召开女职工大会或女职工代表大会选举产生。

第四十条 基层工会女职工委员会主任由同级工会女主席或女副主席担任，也可经民主协商，按照相应条件配备女职工委员会主任。女职工委员会主任应提名为同级工会委员会或常务委员会委员候选人。基层工会女职工委员会主任、副主任名单，与工会委员会选举结果同时报上一级工会批准。

第八章 附 则

第四十一条 乡镇（街道）、开发区（工业园区）、村（社区）建立的工会委员会，县级以下建立的区域（行业）工会联合会如进行选举的，参照本条例执行。

第四十二条 本条例由中华全国总工会负责解释。

第四十三条 本条例自发布之日起施行，以往有关规定与本条例不一致的，以本条例为准。1992年5月18日全国总工会办公厅印发的《工会基层组织选举工作暂行条例》同时废止。

基层工会会员代表大会条例

（2019年1月15日 总工发〔2019〕6号）

第一章 总 则

第一条 为完善基层工会会员代表大会制度，推进基层工会民主化、规范化、法治化建设，增强基层工会政治性、先进性、群众性,激发基层工会活力,发挥基层工会作用,根据《中华人民共和国工会法》《中国工会章程》等有关规定,制定本条例。

第二条 本条例适用于企业、事业单位、机关、社会团体和其他社会组织单独或联合建立的基层工会组织。

乡镇(街道)、开发区(工业园区)、村(社区)建立的工会委员会,县级以下建立的区域(行业)工会联合会,如召开会员代表大会的,依照本条例执行。

第三条 会员不足100人的基层工会组织,应召开会员大会;会员100人以上的基层工会组织,应召开会员大会或会员代表大会。

第四条 会员代表大会是基层工会的最高领导机构,讨论决定基层工会重大事项,选举基层工会领导机构,并对其进行监督。

第五条 会员代表大会实行届期制,每届任期三年或五年,具体任期由会员代表大会决定。会员代表大会任期届满,应按期换届。遇有特殊情况,经上一级工会批准,可以提前或延期换届,延期时间一般不超过半年。

会员代表大会每年至少召开一次,经基层工会委员会、三分之一以上的会员或三分之一以上的会员代表提议,可以临时召开会员代表大会。

第六条 会员代表大会应坚持党的领导,坚持民主集中制,坚持依法规范,坚持公开公正,切实保障会员的知情权、参与权、选举权、监督权。

第七条 基层工会召开会员代表大会应向同级党组织和上一级工会报告。换届选举、补选、罢免基层工会委员会组成人员的,应向同级党组织和上一级工会书面报告。

上一级工会对下一级工会召开会员代表大会进行指导和监督。

第二章　会员代表大会的组成和职权

第八条　会员代表的组成应以一线职工为主，体现广泛性和代表性。中层正职以上管理人员和领导人员一般不得超过会员代表总数的20%。女职工、青年职工、劳动模范（先进工作者）等会员代表应占一定比例。

第九条　会员代表名额，按会员人数确定：

会员100至200人的，设代表30至40人；

会员201至1000人的，设代表40至60人；

会员1001至5000人的，设代表60至90人；

会员5001至10000人的，设代表90至130人；

会员10001至50000人的，设代表130至180人；

会员50001人以上的，设代表180至240人。

第十条　会员代表的选举和会议筹备工作由基层工会委员会负责，新成立基层工会的由工会筹备组负责。

第十一条　会员代表大会根据需要，可以设立专门工作委员会（小组），负责办理会员代表大会交办的具体事项。

第十二条　会员代表大会的职权是：

（一）审议和批准基层工会委员会的工作报告；

（二）审议和批准基层工会委员会经费收支预算决算情况报告、经费审查委员会工作报告；

（三）开展会员评家，评议基层工会开展工作、建设职工之家情况，评议基层工会主席、副主席履行职责情况；

（四）选举和补选基层工会委员会和经费审查委员会组成人员；

（五）选举和补选出席上一级工会代表大会的代表；

（六）罢免其所选举的代表、基层工会委员会组成人员；

（七）讨论决定基层工会其他重大事项。

第三章　会　员　代　表

第十三条　会员代表应由会员民主选举产生，不得指定会员代表。劳务派遣工会员民主权利的行使，如用人单位工会与用工单位工会有约定的，依照约定执行；如没有约定或约定不明确的，在劳务派遣工会员会籍所在工会行使。

第十四条　会员代表应具备以下条件：

（一）工会会员，遵守工会章程，按期缴纳会费；

（二）拥护党的领导，有较强的政治觉悟；

（三）在生产、工作中起骨干作用，有议事能力；

（四）热爱工会工作，密切联系职工群众，热心为职工群众说话办事；

（五）在职工群众中有一定的威信，受到职工群众信赖。

第十五条　会员代表的选举，一般以下一级工会或工会小组为选举单位进行，两个以上会员人数较少的下一级工会或工会小组可作为一个选举单位。

会员代表由选举单位会员大会选举产生。规模较大、管理层级较多的单位，会员代表可由下一级会员代表大会选举产生。

第十六条　选举单位按照基层工会确定的代表候选人名额和条件，组织会员讨论提出会员代表候选人，召开有三分之二以上会员或会员代表参加的大会，采取无记名投票方式差额选举产生会员代表，差额率不低于15%。

第十七条　会员代表候选人，获得选举单位全体会员过半数赞成票时，方能当选；由下一级会员代表大会选举时，其代表候选人获得应到会代表人数过半数赞成票时，方能当选。

第十八条　会员代表选出后,应由基层工会委员会或工会筹备组,对会员代表人数及人员结构进行审核,并对会员代表进行资格审查。

符合条件的会员代表人数少于原定代表人数的,可以把剩余的名额再分配,进行补选,也可以在符合规定人数情况下减少代表名额。

第十九条　会员代表实行常任制,任期与会员代表大会届期一致,会员代表可以连选连任。

第二十条　会员代表的职责是:

(一)带头执行党的路线、方针、政策,自觉遵守国家法律法规和本单位的规章制度,努力完成生产、工作任务;

(二)在广泛听取会员意见和建议的基础上,向会员代表大会提出提案;

(三)参加会员代表大会,听取基层工会委员会和经费审查委员会的工作报告,讨论和审议代表大会的各项议题,提出审议意见和建议;

(四)对基层工会委员会及代表大会各专门委员会(小组)的工作进行评议,提出批评、建议;对基层工会主席、副主席进行民主评议和民主测评,提出奖惩和任免建议;

(五)保持与选举单位会员群众的密切联系,热心为会员说话办事,积极为做好工会各项工作献计献策;

(六)积极宣传贯彻会员代表大会的决议精神,对工会委员会落实会员代表大会决议情况进行监督检查,团结和带动会员群众完成会员代表大会提出的各项任务。

第二十一条　选举单位可单独或联合组成代表团(组),推选团(组)长。团(组)长根据会员代表大会议程,组织会员代表参加大会各项活动;在会员代表大会闭会期间,按照基层工会的安排，组织会员代表开展日常工作。

第二十二条　基层工会讨论决定重要事项，可事先召开代表团（组）长会议征求意见，也可根据需要，邀请代表团（组）长列席会议。

第二十三条　基层工会应建立会员代表调研、督查等工作制度，充分发挥会员代表作用。

第二十四条　会员代表在法定工作时间内依法参加会员代表大会及工会组织的各项活动，单位应当正常支付劳动报酬，不得降低其工资和其他福利待遇。

第二十五条　有下列情形之一的，会员代表身份自然终止：

（一）在任期内工作岗位跨选举单位变动的；

（二）与用人单位解除、终止劳动（工作）关系的；

（三）停薪留职、长期病事假、内退、外派超过一年，不能履行会员代表职责的。

第二十六条　会员代表对选举单位会员负责，接受选举单位会员的监督。

第二十七条　会员代表有下列情形之一的，可以罢免：

（一）不履行会员代表职责的；

（二）严重违反劳动纪律或单位规章制度，对单位利益造成严重损害的；

（三）被依法追究刑事责任的；

（四）其他需要罢免的情形。

第二十八条　选举单位工会或三分之一以上会员或会员代表有权提出罢免会员代表。

会员或会员代表联名提出罢免的，选举单位工会应及时召开会员代表大会进行表决。

第二十九条　罢免会员代表，应经过选举单位全体会员过半数通过；由会员代表大会选举产生的代表，应经过会员代表大会应到会代表的过半数通过。

第三十条 会员代表出现缺额，原选举单位应及时补选。缺额超过会员代表总数四分之一时，应在三个月内进行补选。补选会员代表应依照选举会员代表的程序，进行差额选举，差额率应按照第十六条规定执行。补选的会员代表应报基层工会委员会进行资格审查。

第四章 会员代表大会的召开

第三十一条 每届会员代表大会第一次会议召开前，应将会员代表大会的组织机构、会员代表的构成、会员代表大会主要议程等重要事项，向同级党组织和上一级工会书面报告。上一级工会接到报告后应于15日内批复。

第三十二条 每届会员代表大会第一次会议召开前，基层工会委员会或工会筹备组应对会员代表进行专门培训，培训内容应包括工会基本知识、会员代表大会的性质和职能、会员代表的权利和义务、大会选举办法等。

第三十三条 会员代表全部选举产生后，应在一个月内召开本届会员代表大会第一次会议。

第三十四条 会员代表大会召开前，会员代表应充分听取会员意见建议，积极提出与会员切身利益和工会工作密切相关的提案，经基层工会委员会或工会筹备组审查后，决定是否列入大会议程。

第三十五条 召开会员代表大会，应提前5个工作日将会议日期、议程和提交会议讨论的事项通知会员代表。

第三十六条 每届会员代表大会第一次会议召开前，可举行预备会议，听取会议筹备情况的报告，审议通过关于会员代表资格审查情况的报告，讨论通过选举办法，通过大会议程和其他有关事项。

第三十七条 召开会员代表大会时，未当选会员代表的经费审查委员会委员、女职工委员会委员应列席会议，也可以邀请有关方面的负责人或代表列席会议。

可以邀请获得荣誉称号的人员、曾经作出突出贡献的人员作为特邀代表参加会议。

列席人员和特邀代表仅限本次会议，可以参加分组讨论，不承担具体工作，不享有选举权、表决权。

第三十八条 基层工会委员会、经费审查委员会及女职工委员会的选举工作，依照《工会基层组织选举工作条例》规定执行。

第三十九条 会员代表大会应每年对基层工会开展工作、建设职工之家和工会主席、副主席履行职责等情况进行民主评议，在民主评议的基础上，以无记名投票方式进行测评，测评分为满意、基本满意、不满意三个等次。测评结果应及时公开，并书面报告同级党组织和上一级工会。

基层工会主席、副主席测评办法应由会员代表大会表决通过，并报上一级工会备案。

第四十条 基层工会主席、副主席，具有下列情形之一的，可以罢免：

（一）连续两年测评等次为不满意的；

（二）任职期间个人有严重过失的；

（三）被依法追究刑事责任的；

（四）其他需要罢免的情形。

基层工会委员会委员具有上述（二）（三）（四）项情形的，可以罢免。

第四十一条 本届工会委员会、三分之一以上的会员或会员代表可以提议罢免主席、副主席和委员。

罢免主席、副主席和委员的，应经同级党组织和上一级工会进行考察，未建立党组织的，由上一级工会考察。经考察，如确认其不能再担任现任职务时，应依法召开会员代表大会进行无记名投票表决，应参会人员过半数通过的，罢免有效，并报上一级工会批准。

第四十二条 规模较大、人数众多、工作地点分散、工作时间不一致，会员代表难以集中的基层工会，可以通过电视电话会议、网络视频会议等方式召开会员代表大会。不涉及无记名投票的事项，可以通过网络进行表决，如进行无记名投票的，可在分会场设立票箱，在规定时间内统一投票、统一计票。

第四十三条 会员代表大会与职工代表大会应分别召开，不得互相代替。如在同一时间段召开的，应分别设置会标、分别设定会议议程、分别行使职权、分别作出决议、分别建立档案。

第四十四条 会员代表大会通过的决议、重要事项和选举结果等应当形成书面文件，并及时向会员公开。

第五章 附 则

第四十五条 除会员代表的特别规定外，召开会员大会依照本条例相关规定执行。

第四十六条 本条例由中华全国总工会负责解释。

第四十七条 本条例自发布之日起施行，以往有关规定与本条例不一致的，以本条例为准。1992年4月14日中华全国总工会办公厅印发的《关于基层工会会员代表大会代表实行常任制的若干暂行规定》同时废止。

工会会计制度

（2021 年 4 月 14 日　财会〔2021〕7 号）

第一章　总　　则

第一条　为了规范工会会计行为，保证会计信息质量，根据《中华人民共和国会计法》（以下简称会计法）、《中华人民共和国工会法》（以下简称工会法）等法律法规，制定本制度。

第二条　本制度适用于各级工会，包括基层工会及县级以上（含县级，下同）工会。工会所属事业单位、工会所属企业及挂靠工会管理的社会团体，不适用本制度。

第三条　工会会计是核算、反映、监督工会预算执行和经济活动的专业会计。工会依法建立独立的会计核算管理体系，与工会预算管理体制相适应。

第四条　工会应当对其自身发生的经济业务或者事项进行会计处理和报告。

第五条　工会会计处理应当以工会的持续运行为前提。

第六条　工会会计处理应当划分会计期间，分期结算账目和编制会计报表。

会计期间至少分为年度和月度。会计年度、月度等会计期间的起讫日期采用公历日期。

第七条　工会会计处理应当以货币计量，以人民币作为记账本位币。

第八条　工会会计处理一般采用收付实现制，部分经济业务或者事项应当按照本制度的规定采用权责发生制。

第九条 工会会计要素包括：资产、负债、净资产、收入和支出。其平衡公式为：资产=负债+净资产。

第十条 工会会计处理应当采用借贷记账法记账。

第十一条 工会会计记录的文字应当使用中文。在民族自治地方，会计记录可以同时使用当地通用的一种民族文字。

第十二条 县级以上工会应当设置会计机构，配备专职会计人员。基层工会应当根据会计业务的需要设置会计机构或者在有关机构中设置会计人员并指定会计主管人员；不具备设置条件的，应当委托经批准设立从事代理记账业务的中介机构代理记账。

第十三条 各级工会的法定代表人应当对本级工会的会计工作以及会计资料的真实性、完整性负责。

第十四条 各级工会应当建立健全内部控制制度，并确保内部控制有效施行。县级以上工会应当组织指导和检查下级工会会计工作，负责制定有关实施细则；组织工会会计人员培训，不断提高政策、业务水平。

第十五条 工会应当重视并不断推进会计信息化的应用。工会开展会计信息化工作，应当符合财政部制定的相关会计信息化工作规范和标准，确保利用现代信息技术手段进行会计处理及生成的会计信息符合会计法和本制度的规定。

第二章 一般原则

第十六条 工会提供的会计信息应当符合工会管理工作的要求，满足会计信息使用者的需要，满足本级工会加强财务管理的需要。

第十七条 工会应当以实际发生的经济业务或者事项为依据进行会计处理，如实反映工会财务状况和收支情况等信息，保证会计信息真实可靠、内容完整。

第十八条 工会提供的会计信息应当清晰明了,便于理解和使用。

第十九条 工会会计处理应当采用规定的会计政策,前后各期一致,不得随意变更,以确保会计信息口径一致,相互可比。

第二十条 工会会计处理应当遵循重要性原则。对于重要的经济业务或者事项,应当单独反映。

第二十一条 工会应当对已经发生的经济业务或者事项及时进行会计处理和报告,不得提前或者延后。

第二十二条 工会应当对指定用途的资金按规定的用途专款专用,并单独反映。

第二十三条 工会在发生会计政策变更、会计估计变更和会计差错更正时,除本制度另有规定外,一般采用未来适用法进行会计处理。

会计政策,是指工会在会计核算时所遵循的特定原则、基础以及所采用的具体会计处理方法。会计估计,是指工会对结果不确定的经济业务或者事项以最近可利用的信息为基础所作的判断,如固定资产、无形资产的预计使用年限等。会计差错,是指工会在会计核算时,在确认、计量、记录、报告等方面出现的错误,通常包括计算或记录错误、应用会计政策错误、疏忽或曲解事实产生的错误、财务舞弊等。未来适用法,是指将变更后的会计政策应用于变更当期及以后各期发生的经济业务或者事项,或者在会计估计变更当期和未来期间确认会计估计变更的影响的方法。

第三章 资 产

第二十四条 资产是工会过去的经济业务或者事项形成的,

由工会控制的，预期能够产生服务潜力或者带来经济利益流入的经济资源。

服务潜力是指工会利用资产提供公共产品和服务以履行工会职能的潜在能力。

经济利益流入表现为现金及现金等价物的流入，或者现金及现金等价物流出的减少。

工会的资产包括流动资产、在建工程、固定资产、无形资产、投资和长期待摊费用等。

第二十五条 工会对符合本制度第二十四条规定的资产定义的经济资源，在同时满足以下条件时，应当确认为资产：

（一）与该经济资源相关的服务潜力很可能实现或者经济利益很可能流入工会；

（二）该经济资源的成本或者价值能够可靠地计量。

符合资产定义并确认的资产项目，应当列入资产负债表。

第二十六条 工会的资产按照国家有关规定依法确认为国有资产的，应当作为国有资产登记入账；依法确认为工会资产的，应当作为工会资产登记入账。

第二十七条 工会的资产在取得时应当按照实际成本计量。除国家另有规定外，工会不得自行调整其账面价值。

对于工会接受捐赠的现金资产，应当按照实际收到的金额入账。对于工会接受捐赠、无偿调入的非现金资产，其成本按照有关凭据注明的金额加上相关税费、运输费等确定；没有相关凭据、但按照规定经过资产评估的，其成本按照评估价值加上相关税费、运输费等确定；没有相关凭据、也未经过评估的，其成本比照同类或类似资产的价格加上相关税费、运输费等确定。如无法采用上述方法确定资产成本的，按照名义金额（人民币1元）入账，相关税费、运输费等计入当期支出。

工会盘盈的资产，其成本比照本条第二款确定。

第一节 流动资产

第二十八条 流动资产是指预计在一年内（含一年）变现或者耗用的资产。主要包括货币资金、应收款项和库存物品等。

第二十九条 货币资金包括库存现金、银行存款等。

货币资金应当按照实际发生额入账。工会应当设置库存现金和银行存款日记账，按照业务发生顺序逐日逐笔登记。库存现金应当做到日清月结，其账面余额应当与库存数相符；银行存款的账面余额应当与银行对账单定期核对，如有不符，应当编制银行存款余额调节表调节相符。

工会发生外币业务的，应当按照业务发生当日的即期汇率，将外币金额折算为人民币金额记账，并登记外币金额和汇率。期末，各种外币账户的期末余额，应当按照期末的即期汇率折算为人民币，作为外币账户期末人民币余额。调整后的各种外币账户人民币余额与原账面余额的差额，作为汇兑损益计入当期支出。

第三十条 应收款项包括应收上级经费、应收下级经费和其他应收款等。

应收上级经费是本级工会应收未收的上级工会应拨付（或转拨）的工会拨缴经费和补助。

应收下级经费是县级以上工会应收未收的下级工会应上缴的工会拨缴经费。

其他应收款是工会除应收上下级经费以外的其他应收及暂付款项。

应收款项应当按照实际发生额入账。年末，工会应当分析各项应收款项的可收回性，对于确实不能收回的应收款项应报经批准认定后及时予以核销。

第三十一条 库存物品指工会取得的将在日常活动中耗用的材料、物品及达不到固定资产标准的工具、器具等。

库存物品在取得时应当按照其实际成本入账。工会购入、有偿调入的库存物品以实际支付的价款记账。工会接受捐赠、无偿调入的库存物品按照本制度第二十七条规定所确定的成本入账。

库存物品在发出（领用或出售等）时，工会应当根据实际情况在先进先出法、加权平均法、个别计价法中选择一种方法确定发出库存物品的实际成本。库存物品发出方法一经选定，不得随意变更。

工会应当定期对库存物品进行清查盘点，每年至少全面盘点一次。对于盘盈、盘亏或报废、毁损的库存物品，应当及时查明原因，报经批准认定后及时进行会计处理。

工会盘盈的库存物品应当按照确定的成本入账，报经批准后相应增加资产基金；盘亏的库存物品，应当冲减其账面余额，报经批准后相应减少资产基金。对于报废、毁损的库存物品，工会应当冲减其账面余额，报经批准后相应减少资产基金，清理中取得的变价收入扣除清理费用后的净收入（或损失）计入当期收入（或支出），按规定应当上缴财政的计入其他应付款。

第二节　固　定　资　产

第三十二条 固定资产是指工会使用年限超过1年（不含1年），单位价值在规定标准以上，并在使用过程中基本保持原有物质形态的资产，一般包括：房屋及构筑物；专用设备；通用设备；文物和陈列品；图书、档案；家具、用具、装具及动植物。

通用设备单位价值在1000元以上，专用设备单位价值在1500元以上的，应当确认为固定资产。单位价值虽未达到规定标准，但是使用时间超过1年（不含1年）的大批同类物资，应当按照固定资产进行核算和管理。

第三十三条 固定资产在取得时应当按照其实际成本入账。

工会购入、有偿调入的固定资产，其成本包括实际支付的买价、运输费、保险费、安装费、装卸费及相关税费等。

工会自行建造的固定资产，其成本包括该项资产至交付使用前所发生的全部必要支出。

工会接受捐赠、无偿调入的固定资产，按照本制度第二十七条规定所确定的成本入账。

工会在原有固定资产基础上进行改建、扩建、大型修缮后的固定资产，其成本按照原固定资产账面价值加上改建、扩建、大型修缮发生的支出，再扣除固定资产被替换部分的账面价值后的金额确定。

已交付使用但尚未办理竣工决算手续的固定资产，工会应当按照估计价值入账，待办理竣工决算后再按照实际成本调整原来的暂估价值。

第三十四条 在建工程是工会已经发生必要支出，但尚未交付使用的建设项目工程。工会作为建设单位的基本建设项目应当按照本制度规定统一进行会计核算。

工会对在建工程应当按照实际发生的支出确定其工程成本，并单独核算。在建工程的工程成本应当根据以下具体情况分别确定：

（一）对于自营工程，按照直接材料、直接人工、直接机械施工费等确定其成本；

（二）对于出包工程，按照应支付的工程价款等确定其成本；

（三）对于设备安装工程，按照所安装设备的价值、工程安装费用、工程试运转等所发生的支出等确定其成本。

建设项目完工交付使用时，工会应当将在建工程成本转入固定资产等进行核算。

第三十五条 工会应当对固定资产计提折旧，但文物和陈列品，动植物，图书、档案，单独计价入账的土地和以名义金额计量的固定资产除外。

工会应当根据相关规定以及固定资产的性质和使用情况，合理确定固定资产的使用年限。固定资产的使用年限一经确定，不得随意变更。

工会一般应当采用年限平均法或者工作量法计提固定资产折旧，计提折旧时不考虑预计净残值。在确定固定资产折旧方法时，应当考虑与固定资产相关的服务潜力或经济利益的预期实现方式。固定资产的折旧方法一经确定，不得随意变更。

工会应当按月对固定资产计提折旧。当月增加的固定资产，当月计提折旧；当月减少的固定资产，当月不再计提折旧。固定资产提足折旧后，无论是否继续使用，均不再计提折旧；提前报废的固定资产，也不再补提折旧。

固定资产因改建、扩建或大型修缮等原因而延长其使用年限的，工会应当按照重新确定的固定资产成本以及重新确定的折旧年限计算折旧额。

工会应当对暂估入账的固定资产计提折旧，实际成本确定后不需调整原已计提的折旧额。

第三十六条 工会处置（出售）固定资产时，应当冲减其账面价值并相应减少资产基金，处置中取得的变价收入扣除处置费用后的净收入（或损失）计入当期收入（或支出），按规定应当上缴财政的计入其他应付款。

第三十七条 工会应当定期对固定资产进行清查盘点，每年至少全面盘点一次。对于盘盈、盘亏或报废、毁损的固定资产，工会应当及时查明原因，报经批准认定后及时进行会计处理。

工会盘盈的固定资产，应当按照确定的成本入账，报经批准后相应增加资产基金；盘亏的固定资产，应当冲减其账面余额，报经批准后相应减少资产基金。对于报废、毁损的固定资产，工会应当冲减其账面余额，报经批准后相应减少资产基金，清理中取得的变价收入扣除清理费用后的净收入（或损失）计入当期收入（或支出），按规定应当上缴财政的计入其他应付款。

第三节 无形资产

第三十八条 无形资产是指工会控制的没有实物形态的可辨认非货币性资产，包括专利权、商标权、著作权、土地使用权、非专利技术等。工会购入的不构成相关硬件不可缺少组成部分的应用软件，应当确认为无形资产。

第三十九条 无形资产在取得时应当按照其实际成本入账。

工会外购的无形资产，其成本包括购买价款、相关税费以及可归属于该项资产达到预定用途前所发生的其他支出。工会委托软件公司开发的软件，视同外购无形资产确定其成本。

工会接受捐赠、无偿调入的无形资产，按照本制度第二十七条规定所确定的成本入账。

对于非大批量购入、单价小于 1000 元的无形资产，工会可以于购买的当期将其成本直接计入支出。

第四十条 工会应当按月对无形资产进行摊销，使用年限不确定的、以名义金额计量的无形资产除外。

工会应当按照以下原则确定无形资产的摊销年限：法律规定了有效年限的，按照法律规定的有效年限作为摊销年限；法律没有规定有效年限的，按照相关合同中的受益年限作为摊销年限；上述两种方法无法确定有效年限的，应当根据无形资产为工会带来服务潜力或者经济利益的实际情况，预计其使用年限。

工会应当采用年限平均法或工作量法对无形资产进行摊销，应摊销金额为其成本，不考虑预计净残值。

工会应当按月进行摊销。当月增加的无形资产，当月进行摊销；当月减少的无形资产，当月不再进行摊销。无形资产提足摊销后，无论是否继续使用，均不再进行摊销；核销的无形资产，也不再补提摊销。

因发生后续支出而增加无形资产成本的，对于使用年限有限的无形资产，工会应当按照重新确定的无形资产成本以及重新确定的摊销年限计算摊销额。

第四十一条 工会处置（出售）无形资产时，应当冲减其账面价值并相应减少资产基金，处置中取得的变价收入扣除处置费用后的净收入（或损失）计入当期收入（或支出），按规定应当上缴财政的计入其他应付款。

第四十二条 工会应当定期对无形资产进行清查盘点，每年至少全面盘点一次。工会在资产清查盘点过程中发现的无形资产盘盈、盘亏等，参照本制度固定资产相关规定进行处理。

第四节 其他资产

第四十三条 投资是指工会按照国家有关法律、行政法规和工会的相关规定，以货币资金、实物资产等方式向其他单位的投资。投资按其流动性分为短期投资和长期投资；按其性质分为股权投资和债权投资。

投资在取得时应当按照其实际成本入账。工会以货币资金方式对外投资的，以实际支付的款项（包括购买价款以及税金、手续费等相关税费）作为投资成本记账。工会以实物资产和无形资产方式对外投资的，以评估确认或合同、协议确定的价值记账。

对于投资期内取得的利息、利润、红利等各项投资收益，工会应当计入当期投资收益。

工会处置（出售）投资时，实际取得价款与投资账面余额的差额，应当计入当期投资收益。

对于因被投资单位破产、被撤销、注销、吊销营业执照或者被政府责令关闭等情况造成难以收回的未处置不良投资，工会应当在报经批准后及时核销。

第四十四条 长期待摊费用是工会已经支出，但应由本期和以后各期负担的分摊期限在1年以上（不含1年）的各项支出，如对以经营租赁方式租入的固定资产发生的改良支出等。

长期待摊费用应当在对应资产的受益年限内平均摊销。如果某项长期待摊费用已经不能使工会受益，应当将其摊余金额一次性转销。

第四章 负 债

第四十五条 负债是指工会过去的经济业务或者事项形成的，预期会导致经济资源流出的现时义务。

现时义务是指工会在现行条件下已承担的义务。未来发生的经济业务或者事项形成的义务不属于现时义务，不应当确认为负债。

工会的负债包括应付职工薪酬、应付款项等。

第四十六条 工会对于符合本制度第四十五条规定的现时义务，在同时满足以下条件时，应当确认为负债：

（一）履行该义务很可能导致含有服务潜力或者经济利益的经济资源流出工会；

（二）该义务的金额能够可靠计量。

符合负债定义并确认的负债项目，应当列入资产负债表。

第四十七条 应付职工薪酬是工会按照国家有关规定应付给

本单位职工及为职工支付的各种薪酬，包括基本工资、国家统一规定的津贴补贴、规范津贴补贴（绩效工资）、改革性补贴、社会保险费（如职工基本养老保险费、职业年金、基本医疗保险费等）和住房公积金等。

第四十八条　应付款项包括应付上级经费、应付下级经费和其他应付款。

应付上级经费指本级工会按规定应上缴上级工会的工会拨缴经费。

应付下级经费指本级工会应付下级工会的各项补助以及应转拨下级工会的工会拨缴经费。

其他应付款指除应付上下级经费之外的其他应付及暂存款项，包括工会按规定收取的下级工会筹建单位交来的建会筹备金等。

第四十九条　工会的各项负债应当按照实际发生额入账。

第五章　净　资　产

第五十条　净资产是指工会的资产减去负债后的余额，包括资产基金、专用基金、工会资金结转、工会资金结余、财政拨款结转、财政拨款结余和预算稳定调节基金。

第五十一条　资产基金指工会库存物品、固定资产、在建工程、无形资产、投资和长期待摊费用等非货币性资产在净资产中占用的金额。

资产基金应当在取得库存物品、固定资产、在建工程、无形资产、投资及发生长期待摊费用时确认。资产基金应当按照实际发生额入账。

第五十二条　专用基金指县级以上工会按规定依法提取和使

用的有专门用途的基金。

工会提取专用基金时，应当按照实际提取金额计入当期支出；使用专用基金时，应当按照实际支出金额冲减专用基金余额；专用基金未使用的余额，可以滚存下一年度使用。

第五十三条 工会资金结转是指工会预算安排项目的支出年终尚未执行完毕或者因故未执行，且下年需要按原用途继续使用的工会资金。

工会资金结余是指工会年度预算执行终了，预算收入实际完成数扣除预算支出和工会结转资金后剩余的工会资金。

第五十四条 财政拨款结转是指县级以上工会预算安排项目的支出年终尚未执行完毕或者因故未执行，且下年需要按原用途继续使用的财政拨款资金。

财政拨款结余是指县级以上工会年度预算执行终了，预算收入实际完成数扣除预算支出和财政拨款结转资金后剩余的财政拨款资金。

第五十五条 预算稳定调节基金是县级以上工会为平衡年度预算按规定设置的储备性资金。

第六章　收　　入

第五十六条 收入是指工会根据工会法以及有关政策规定开展业务活动所取得的非偿还性资金。收入按照来源分为会费收入、拨缴经费收入、上级补助收入、政府补助收入、行政补助收入、附属单位上缴收入、投资收益和其他收入。

会费收入指工会会员依照规定向基层工会缴纳的会费。

拨缴经费收入指基层单位行政拨缴、下级工会按规定上缴及上级工会按规定转拨的工会拨缴经费中归属于本级工会的经费。

上级补助收入指本级工会收到的上级工会补助的款项，包括一般性转移支付补助和专项转移支付补助。

政府补助收入指各级人民政府按照工会法和国家有关规定给予县级以上工会的补助款项。

行政补助收入指基层工会取得的所在单位行政方面按照工会法和国家有关规定给予工会的补助款项。

附属单位上缴收入指工会所属的企事业单位按规定上缴的收入。

投资收益指工会对外投资发生的损益。

其他收入指工会除会费收入、拨缴经费收入、上级补助收入、政府补助收入、行政补助收入、附属单位上缴收入和投资收益之外的各项收入。

第五十七条 工会各项收入应当按照实际发生额入账。

第七章 支　　出

第五十八条 支出是指工会为开展各项工作和活动所发生的各项资金耗费和损失。支出按照功能分为职工活动支出、职工活动组织支出、职工服务支出、维权支出、业务支出、行政支出、资本性支出、补助下级支出、对附属单位的支出和其他支出。

职工活动支出指基层工会开展职工教育活动、文体活动、宣传活动、劳模疗休养活动、会员活动等发生的支出。

职工活动组织支出指县级以上工会组织开展职工教育活动、文体活动、宣传活动和劳模疗休养活动等发生的支出。

职工服务支出指工会开展职工劳动和技能竞赛活动、职工创新活动、建家活动、职工书屋、职工互助保障、心理咨询等工作发生的支出。

维权支出指工会用于维护职工权益的支出，包括劳动关系协调、劳动保护、法律援助、困难职工帮扶、送温暖和其他维权支出。

业务支出指工会培训工会干部、加强自身建设及开展业务工作发生的各项支出。

行政支出指县级以上工会为行政管理、后勤保障等发生的各项日常支出。

资本性支出指工会从事建设工程、设备工具购置、大型修缮和信息网络购建等而发生的实际支出。

补助下级支出指县级以上工会为解决下级工会经费不足或根据有关规定给予下级工会的各类补助款项。

对附属单位的支出指工会按规定对所属企事业单位的补助。

其他支出指工会除职工活动支出、职工活动组织支出、职工服务支出、维权支出、业务支出、行政支出、资本性支出、补助下级支出和对附属单位的支出以外的各项支出。

第五十九条 工会各项支出应当按照实际发生额入账。

第八章 财务报表

第六十条 工会财务报表是反映各级工会财务状况、业务活动和预算执行结果的书面文件。工会财务报表是各级工会领导、上级工会及其他财务报表使用者了解情况、掌握政策、指导工作的重要资料。

第六十一条 工会财务报表包括会计报表和附注。会计报表分为主表和附表，主表包括资产负债表和收入支出表，附表包括财政拨款收入支出表、国有资产情况表和成本费用表。

资产负债表，是反映工会某一会计期末全部资产、负债和净资产情况的报表。

收入支出表，是反映工会某一会计期间全部收入、支出及结转结余情况的报表。

财政拨款收入支出表，是反映县级以上工会某一会计期间从同级政府财政部门取得的财政拨款收入、支出及结转结余情况的报表。

国有资产情况表，是反映县级以上工会某一会计期间持有的国有资产情况的报表。

成本费用表，是反映县级以上工会某一会计期间成本费用情况的报表。

附注是对在资产负债表、收入支出表等报表中列示项目所作的进一步说明，以及未能在这些报表中列示项目的说明。

第六十二条 工会财务报表分为年度财务报表和中期财务报表。以短于一个完整的会计年度的期间（如半年度、季度和月度）编制的财务报表称为中期财务报表。年度财务报表是以整个会计年度为基础编制的财务报表。

第六十三条 工会要负责对所属单位财务报表和下级工会报送的年度财务报表进行审核、核批和汇总工作，定期向本级工会领导和上级工会报告本级工会预算执行情况。

第六十四条 工会财务报表要根据登记完整、核对无误的账簿记录和其他有关资料编制，做到数字准确、内容完整、报送及时。工会财务报表应当由各级工会的法定代表人和主管会计工作的负责人、会计机构负责人（会计主管人员）签名并盖章。

第九章　附　　则

第六十五条 工会填制会计凭证、登记会计账簿、管理会计档案等，应当按照《会计基础工作规范》、《会计档案管理办法》

等规定执行。

第六十六条 本制度从 2022 年 1 月 1 日起实施。2009 年 5 月 31 日财政部印发的《工会会计制度》（财会〔2009〕7 号）同时废止。

附录 1：工会会计科目和财务报表（略）

附录 2：工会固定资产折旧年限表（略）

基层工会经费收支管理办法

（2017 年 12 月 15 日　总工办发〔2017〕32 号）

第一章　总　　则

第一条 为加强基层工会收支管理，规范基层工会经费使用，根据《中华人民共和国工会法》和《中国工会章程》《工会会计制度》《工会预算管理办法》的有关规定，结合中华全国总工会（以下简称"全国总工会"）贯彻落实中央有关规定的相关要求，制定本办法。

第二条 本办法适用于企业、事业单位、机关和其他经济社会组织单独或联合建立的基层工会委员会。

第三条 基层工会经费收支管理应遵循以下原则：

（一）遵纪守法原则。基层工会应依据《中华人民共和国工会法》的有关规定，依法组织各项收入，严格遵守国家法律法规，严格执行全国总工会有关制度规定，严肃财经纪律，严格工会经费使用，加强工会经费收支管理。

（二）经费独立原则。基层工会应依据全国总工会关于工会法人登记管理的有关规定取得工会法人资格，依法享有民事权利、承担民事义务，并根据财政部、中国人民银行的有关规定，设立工会经费银行账户，实行工会经费独立核算。

（三）预算管理原则。基层工会应按照《工会预算管理办法》的要求，将单位各项收支全部纳入预算管理。基层工会经费年度收支预算（含调整预算）需经同级工会委员会和工会经费审查委员会审查同意，并报上级主管工会批准。

（四）服务职工原则。基层工会应坚持工会经费正确的使用方向，优化工会经费支出结构，严格控制一般性支出，将更多的工会经费用于为职工服务和开展工会活动，维护职工的合法权益，增强工会组织服务职工的能力。

（五）勤俭节约原则。基层工会应按照党中央、国务院关于厉行勤俭节约反对奢侈浪费的有关规定，严格控制工会经费开支范围和开支标准，经费使用要精打细算，少花钱多办事，节约开支，提高工会经费使用效益。

（六）民主管理原则。基层工会应依靠会员管好用好工会经费。年度工会经费收支情况应定期向会员大会或会员代表大会报告，建立经费收支信息公开制度，主动接受会员监督。同时，接受上级工会监督，依法接受国家审计监督。

第二章　工会经费收入

第四条　基层工会经费收入范围包括：

（一）会费收入。会费收入是指工会会员依照全国总工会规定按本人工资收入的5‰向所在基层工会缴纳的会费。

（二）拨缴经费收入。拨缴经费收入是指建立工会组织的单位按全部职工工资总额2%依法向工会拨缴的经费中的留成部分。

（三）上级工会补助收入。上级工会补助收入是指基层工会收到的上级工会拨付的各类补助款项。

（四）行政补助收入。行政补助收入是指基层工会所在单位依法对工会组织给予的各项经费补助。

（五）事业收入。事业收入是指基层工会独立核算的所属事业单位上缴的收入和非独立核算的附属事业单位的各项事业收入。

（六）投资收益。投资收益是指基层工会依据相关规定对外投资取得的收益。

（七）其他收入。其他收入是指基层工会取得的资产盘盈、固定资产处置净收入、接受捐赠收入和利息收入等。

第五条　基层工会应加强对各项经费收入的管理。要按照会员工资收入和规定的比例，按时收取全部会员应交的会费。要严格按照国家统计局公布的职工工资总额口径和所在省级工会规定的分成比例，及时足额拨缴工会经费；实行财政划拨或委托税务代收部分工会经费的基层工会，应加强与本单位党政部门的沟通，依法足额落实基层工会按照省级工会确定的留成比例应当留成的经费。要统筹安排行政补助收入，按照预算确定的用途开支，不得将与工会无关的经费以行政补助名义纳入账户管理。

第三章　工会经费支出

第六条　基层工会经费主要用于为职工服务和开展工会活动。

第七条　基层工会经费支出范围包括：职工活动支出、维权支出、业务支出、资本性支出、事业支出和其他支出。

第八条　职工活动支出是指基层工会组织开展职工教育、文体、宣传等活动所发生的支出和工会组织的职工集体福利支出。包括：

（一）职工教育支出。用于基层工会举办政治、法律、科技、业务等专题培训和职工技能培训所需的教材资料、教学用品、场地租金等方面的支出，用于支付职工教育活动聘请授课人员的酬金，用于基层工会组织的职工素质提升补助和职工教育培训优秀学员的奖励。对优秀学员的奖励应以精神鼓励为主、物质激励为辅。授课人员酬金标准参照国家有关规定执行。

（二）文体活动支出。用于基层工会开展或参加上级工会组织的职工业余文体活动所需器材、服装、用品等购置、租赁与维修方面的支出以及活动场地、交通工具的租金支出等，用于文体活动优胜者的奖励支出，用于文体活动中必要的伙食补助费。

文体活动奖励应以精神鼓励为主、物质激励为辅。奖励范围不得超过参与人数的三分之二；不设置奖项的，可为参加人员发放少量纪念品。

文体活动中开支的伙食补助费，不得超过当地差旅费中的伙食补助标准。

基层工会可以用会员会费组织会员观看电影、文艺演出和体育比赛等，开展春游秋游，为会员购买当地公园年票。会费不足部分可以用工会经费弥补，弥补部分不超过基层工会当年会费收入的三倍。

基层工会组织会员春游秋游应当日往返，不得到有关部门明令禁止的风景名胜区开展春游秋游活动。

（三）宣传活动支出。用于基层工会开展重点工作、重大主题和重大节日宣传活动所需的材料消耗、场地租金、购买服务等方面的支出，用于培育和践行社会主义核心价值观，弘扬劳模精神和工匠精神等经常性宣传活动方面的支出，用于基层工会开展或参加上级工会举办的知识竞赛、宣讲、演讲比赛、展览等宣传活动支出。

（四）职工集体福利支出。用于基层工会逢年过节和会员生日、婚丧嫁娶、退休离岗的慰问支出等。

基层工会逢年过节可以向全体会员发放节日慰问品。逢年过节的年节是指国家规定的法定节日（即：新年、春节、清明节、劳动节、端午节、中秋节和国庆节）和经自治区以上人民政府批准设立的少数民族节日。节日慰问品原则上为符合中国传统节日习惯的用品和职工群众必需的生活用品等，基层工会可结合实际采取便捷灵活的发放方式。

工会会员生日慰问可以发放生日蛋糕等实物慰问品，也可以发放指定蛋糕店的蛋糕券。

工会会员结婚生育时，可以给予一定金额的慰问品。工会会员生病住院、工会会员或其直系亲属去世时，可以给予一定金额的慰问金。

工会会员退休离岗，可以发放一定金额的纪念品。

（五）其他活动支出。用于工会组织开展的劳动模范和先进职工疗休养补贴等其他活动支出。

第九条 维权支出是指基层工会用于维护职工权益的支出。包括：劳动关系协调费、劳动保护费、法律援助费、困难职工帮扶费、送温暖费和其他维权支出。

（一）劳动关系协调费。用于推进创建劳动关系和谐企业活动、加强劳动争议调解和队伍建设、开展劳动合同咨询活动、集体合同示范文本印制与推广等方面的支出。

（二）劳动保护费。用于基层工会开展群众性安全生产和职业病防治活动、加强群监员队伍建设、开展职工心理健康维护等促进安全健康生产、保护职工生命安全为宗旨开展职工劳动保护发生的支出等。

（三）法律援助费。用于基层工会向职工群众开展法治宣传、提供法律咨询、法律服务等发生的支出。

（四）困难职工帮扶费。用于基层工会对困难职工提供资金和物质帮助等发生的支出。

工会会员本人及家庭因大病、意外事故、子女就学等原因致困时，基层工会可给予一定金额的慰问。

（五）送温暖费。用于基层工会开展春送岗位、夏送清凉、金秋助学和冬送温暖等活动发生的支出。

（六）其他维权支出。用于基层工会补助职工和会员参加互助互济保障活动等其他方面的维权支出。

第十条 业务支出是指基层工会培训工会干部、加强自身建设以及开展业务工作发生的各项支出。包括：

（一）培训费。用于基层工会开展工会干部和积极分子培训发生的支出。开支范围和标准以有关部门制定的培训费管理办法为准。

（二）会议费。用于基层工会会员大会或会员代表大会、委员会、常委会、经费审查委员会以及其他专业工作会议的各项支出。开支范围和标准以有关部门制定的会议费管理办法为准。

（三）专项业务费。用于基层工会开展基层工会组织建设、建家活动、劳模和工匠人才创新工作室、职工创新工作室等创建活动发生的支出，用于基层工会开办的图书馆、阅览室和职工书屋等职工文体活动阵地所发生的支出，用于基层工会开展专题调研所发生的支出，用于基层工会开展女职工工作性支出，用于基层工会开展外事活动方面的支出，用于基层工会组织开展合理化建议、技术革新、发明创造、岗位练兵、技术比武、技术培训等劳动和技能竞赛活动支出及其奖励支出。

（四）其他业务支出。用于基层工会发放兼职工会干部和专职社会化工会工作者补贴，用于经上级批准评选表彰的优秀工会干部和积极分子的奖励支出，用于基层工会必要的办公费、差旅费，用于基层工会支付代理记账、中介机构审计等购买服务方面的支出。

基层工会兼职工会干部和专职社会化工会工作者发放补贴的管理办法由省级工会制定。

第十一条　资本性支出是指基层工会从事工会建设工程、设备工具购置、大型修缮和信息网络购建而发生的支出。

第十二条　事业支出是指基层工会对独立核算的附属事业单位的补助和非独立核算的附属事业单位的各项支出。

第十三条　其他支出是指基层工会除上述支出以外的其他各项支出。包括：资产盘亏、固定资产处置净损失、捐赠、赞助等。

第十四条　根据《中华人民共和国工会法》的有关规定，基层工会专职工作人员的工资、奖励、补贴由所在单位承担，基层工会办公和开展活动必要的设施和活动场所等物质条件由所在单位提供。所在单位保障不足且基层工会经费预算足以保证的前提下，可以用工会经费适当弥补。

第四章　财务管理

第十五条　基层工会主席对基层工会会计工作和会计资料的真实性、完整性负责。

第十六条　基层工会应根据国家和全国总工会的有关政策规定以及上级工会的要求，制定年度工会工作计划，依法、真实、完整、合理地编制工会经费年度预算，依法履行必要程序后报上级工会批准。严禁无预算、超预算使用工会经费。年度预算原则上一年调整一次,调整预算的编制审批程序与预算编制审批程序一致。

第十七条 基层工会应根据批准的年度预算,积极组织各项收入,合理安排各项支出,并严格按照《工会会计制度》的要求,科学设立和登记会计账簿,准确办理经费收支核算,定期向工会委员会和经费审查委员会报告预算执行情况。基层工会经费年度财务决算需报上级工会审批。

第十八条 基层工会应加强财务管理制度建设,健全完善财务报销、资产管理、资金使用等内部管理制度。基层工会应依法组织工会经费收入,严格控制工会经费支出,各项收支实行工会委员会集体领导下的主席负责制,重大收支须集体研究决定。

第十九条 基层工会应根据自身实际科学设置会计机构、合理配备会计人员,真实、完整、准确、及时反映工会经费收支情况和财务管理状况。具备条件的基层工会,应当设置会计机构或在有关机构中设置专职会计人员;不具备条件的,由设立工会财务结算中心的乡镇(街道)、开发区(工业园区)工会实行集中核算,分户管理,或者委托本单位财务部门或经批准设立从事会计代理记账业务的中介机构或聘请兼职会计人员代理记账。

第五章 监督检查

第二十条 全国总工会负责对全国工会系统工会经费的收入、支出和使用管理情况进行监督检查。按照"统一领导、分级管理"的管理体制,省以下各级工会应加强对本级和下一级工会经费收支与使用管理情况的监督检查,下一级工会应定期向本级工会委员会和上一级工会报告财务监督检查情况。

第二十一条　基层工会应加强对本单位工会经费使用情况的内部会计监督和工会预算执行情况的审查审计监督，依法接受并主动配合国家审计监督。内部会计监督主要对原始凭证的真实性合法性、会计账簿与财务报告的准确性及时性、财产物资的安全性完整性进行监督，以维护财经纪律的严肃性。审查审计监督主要对单位财务收支情况和预算执行情况进行审查监督。

第二十二条　基层工会应严格执行以下规定：

（一）不准使用工会经费请客送礼。

（二）不准违反工会经费使用规定，滥发奖金、津贴、补贴。

（三）不准使用工会经费从事高消费性娱乐和健身活动。

（四）不准单位行政利用工会账户，违规设立"小金库"。

（五）不准将工会账户并入单位行政账户，使工会经费开支失去控制。

（六）不准截留、挪用工会经费。

（七）不准用工会经费参与非法集资活动，或为非法集资活动提供经济担保。

（八）不准用工会经费报销与工会活动无关的费用。

第二十三条　各级工会对监督检查中发现违反基层工会经费收支管理办法的问题，要及时纠正。违规问题情节较轻的，要限期整改；涉及违纪的，由纪检监察部门依照有关规定，追究直接责任人和相关领导责任；构成犯罪的，依法移交司法机关处理。

第六章　附　　则

第二十四条　各省级工会应根据本办法的规定，结合本地区、本产业和本系统工作实际，制定具体实施细则，细化支出范围，明确开支标准，确定审批权限，规范活动开展。各省级工会制定的实施细则须报全国总工会备案。基层工会制定的相关办法须报上级工会备案。

第二十五条　本办法自印发之日起执行。《中华全国总工会办公厅关于加强基层工会经费收支管理的通知》（总工办发〔2014〕23号）和《全总财务部关于〈关于加强基层工会经费收支管理的通知〉的补充通知》（工财发〔2014〕69号）同时废止。

第二十六条　基层工会预算编制审批管理办法由全国总工会另行制定。

第二十七条　本办法由全国总工会负责解释。

工会送温暖资金使用管理办法（试行）

（2018年12月21日　总工发〔2018〕39号）

第一章　总　　则

第一条　为加强工会联系广泛、服务职工功能，把党和政府的关心关怀与工会组织的温暖送到广大职工心坎上，进一步开展好工会送温暖活动，提高资金使用效益，实现送温暖常态化、经常化、日常化，依据财政部和全国总工会有关制度文件，制定本办法。

第二条　送温暖资金是各级工会认真履行维护职工合法权益、竭诚服务职工群众的基本职责，筹集社会各方面资源，对职工开展帮扶困难、走访慰问的资金。

第三条　送温暖资金坚持资金使用规范、精准、高效、安全原则，支出方向既体现物质帮扶、脱贫解困，又体现人文关怀、心灵引导。

第四条 加强送温暖资金与困难职工帮扶资金在对象、标准、管理等方面有效衔接，形成层次清晰、各有侧重的梯度帮扶格局。困难职工帮扶资金重点保障深度困难职工家庭生活、帮助建档困难职工家庭解困脱困；送温暖资金突出对职工走访慰问，体现工会组织对职工的关心关爱。

第二章 资金的来源、使用对象及标准

第五条 送温暖资金的主要来源是：

1. 各级财政拨款。是指各级财政拨付工会使用的用于送温暖活动的专项资金。

2. 上级工会经费补助。是指上级工会用工会经费安排给下级工会用于送温暖活动的专项资金。

3. 本级工会经费列支。是指各级工会在本级工会经费预算中安排的用于送温暖活动的专项资金。

4. 社会捐助资金。是指各级工会向社会募集的用于送温暖活动的资金。

5. 行政拨付。是指基层工会所在单位用行政经费、福利费等通过工会开展送温暖活动的资金。

6. 其他合法来源。

第六条 送温暖资金的使用对象：

1. 因非个人意愿下岗失业、家庭收入水平明显偏低、子女教育费用负担过重等原因造成家庭生活困难的职工。

2. 本人或家庭成员因患大病、遭受各类灾害或突发意外等情况造成生活困难的职工。

3. 关停并转等困难企业中，因停发、减发工资而导致生活相对困难的职工。

4. 工伤与职业病致残的职工和因公牺牲职工的家属；因重大疾病手术、住院的职工。

5. 长期在高（低）温、高空、有毒有害等环境中和苦脏累险艰苦行业岗位上工作的一线职工。

6. 重大灾害期间坚守抗灾一线的职工；春节期间坚守在生产一线和交通运输、电力、环卫以及直接面向群众服务的基层岗位干部职工；因组织需要长期异地工作或者服从组织需要赴外地、基层工作的派驻挂职干部职工；在重大项目和重大工程中做出突出贡献的职工；生产一线涌现出来的先进模范人物。

第七条 各级工会在对建档困难职工做好常态化帮扶、帮助其解困脱困的基础上，在职工发生困难时或重要时间节点对以上职工走访慰问。各级工会要根据实际情况确定走访慰问重点职工群体，并适当考虑关心关爱生活困难的离休、退休的会员。要结合当地居民生活水平和物价指数等因素，科学合理制定慰问标准。

第八条 走访慰问职工要坚持实名制发放，实名制表应包括慰问对象的工作单位、基本情况、联系方式、身份证号、慰问金额、经办人签字等有关信息。资金使用情况须录入工会帮扶工作管理系统送温暖管理模块备查。

第三章 资金的管理

第九条 送温暖资金按照本办法规定管理使用，其中财政专项帮扶资金使用于两节期间慰问困难职工的，应同时遵照帮扶资金管理相关规定执行。

第十条 工会权益保障部门会同财务部门提出资金的分配和使用方案，经同级工会领导集体研究通过后实施。

第十一条 送温暖资金纳入各级工会预算、决算统一管理。

各级工会年度预算安排时以常态化送温暖为原则，切实保证经费投入。各级工会要拓宽资金筹集渠道，积极争取政府财政支持，探索与慈善组织合作方式，撬动更多的社会资源参与送温暖活动。

第十二条　送温暖资金按照《工会会计制度》设置会计科目、进行会计核算，严格执行资金审批和财务支付制度。

第十三条　送温暖资金实行绩效管理，省级工会应当运用好绩效评价结果，并将其作为改进送温暖工作和安排以后年度预算的重要依据。

第四章　监督检查

第十四条　各级工会权益保障、财务、经审部门要加大对资金使用管理情况的监督检查，及时发现和纠正存在的问题。经审部门要将送温暖资金纳入年度审计范围。接受政府有关部门审计、检查，接受职工群众和社会的监督。

第十五条　任何单位或个人不得使用送温暖资金购买明令禁止的物品，不得发放津补贴、奖金、福利，不得用于与规定用途无关的其他事项。不得截留、挪用、冒领，不得优亲厚友、人情帮扶。

第十六条　各级工会对监督检查中发现违反有关规定的问题，要及时处理。违规问题情节较轻的，要限期整改；涉及违纪的，由纪检监察部门依照有关规定，追究直接责任人和相关领导责任；构成犯罪的，依法移交司法机关处理。

第五章　附　　则

第十七条　各省级工会应根据本办法的规定，结合本地区、本产业和本系统工作实际，制定具体实施细则，细化支出范围，明确开支标准，确定审批权限，规范活动开展。各省级工会制定的实施细则须报全国总工会备案。省以下各级工会制定的实施细则须报上一级工会备案。

第十八条 本办法自下发之日起执行，《中华全国总工会送温暖工程资金管理使用办法》（总工发〔2006〕54号）同时废止。

第十九条 本办法由全国总工会权益保障部、财务部负责解释。

工会预算管理办法

（2019年12月31日 总工办发〔2019〕26号）

第一章 总 则

第一条 为了规范各级工会收支行为，强化预算约束，加强对预算的管理和监督，建立全面规范透明、标准科学、约束有力的预算制度，保障工运事业的健康发展和工会职能的有效发挥，根据《中华人民共和国工会法》《中华人民共和国预算法》等法律法规，制定本办法。

第二条 工会预算是各级工会组织及所属事业单位按照一定程序核定的年度收支计划。

第三条 预算、决算的编制、审查、批准、监督，以及预算的执行和调整，依照本办法规定执行。

第四条 工会系统实行一级工会一级预算，预算管理实行下管一级的原则。

工会预算一般分为五级，即：全国总工会、省级工会、市级工会、县级工会和基层工会。省级工会可根据乡镇（街道）工会、开发区（工业园区）工会发展的实际，确定省级以下工会的预算管理级次，并报全国总工会备案。

经全国总工会批准，中华全国铁路总工会、中国民航工会全国委员会、中国金融工会全国委员会依法独立管理经费，根据各自管理体制，确定所属下级工会的预算管理级次，并报全国总工会备案。

第五条 全国工会预算由全国总工会总预算和省级工会总预算组成。

全国总工会总预算由全国总工会本级预算和与全国总工会建立经费拨缴关系的企业工会汇总预算组成。

省级工会总预算由省（自治区、直辖市）总工会、中央和国家机关工会联合会、中华全国铁路总工会、中国民航工会全国委员会、中国金融工会全国委员会本级预算和汇总的下一级工会总预算组成。下一级工会只有本级预算的，下一级工会总预算即指下一级工会的本级预算。

本级预算是指各级工会本级次范围内所有收支预算，包括本级所属单位的单位预算和本级工会的转移支付预算。

单位预算是指本级工会机关、所属事业单位的预算。

转移支付预算是指本级工会对下级工会的补助预算。

第六条 拨缴的工会经费实行分成制。

第七条 工会预算应当遵循统筹兼顾、勤俭节约、量力而行、讲求绩效和收支平衡的原则。

第八条 各级工会的预算收入和预算支出实行收付实现制，特定事项按照相关规定实行权责发生制。

第九条 预算年度自公历1月1日起，至12月31日止。

第十条 预算收入和预算支出以人民币元为计算单位。

第二章 预算管理职权

第十一条 各级工会、各预算单位财务管理部门是预算归口管理的职能部门。

第十二条 全国总工会财务管理部门的职权：

（一）具体负责汇总编制全国工会预算；

（二）具体负责编制全国总工会本级预（决）算草案，报全总领导同志签批后，经中华全国总工会经费审查委员会审查，提交全总党组会议审议；

（三）具体负责编制全国总工会本级预算调整方案，经中华全国总工会经费审查委员会履行审查程序后，提交全总党组会议审议；

（四）批复全国总工会本级预算单位预（决）算，对省级工会的预（决）算和预算调整方案实行备案管理；

（五）提出全国总工会本级预算预备费动用方案，提交全总党组会议审议；

（六）具体负责汇总编制全国工会决算；

（七）定期向中华全国总工会经费审查委员会或其常委会报告全国总工会本级预算执行情况。

第十三条 省级工会的职权：

（一）汇总编制省级工会总预算，报全国总工会备案；

（二）编制省级工会本级预（决）算草案，经必要程序审查、审议通过后报全国总工会备案；

（三）编制省级工会本级预算调整方案，经必要程序审查、审议通过后报全国总工会备案；

（四）批复省级工会本级预算单位的预（决）算，对下一级工会的本级预（决）算和预算调整方案实行审批或备案管理；

（五）决定本级预备费的动用；

（六）汇总本级及以下各级工会决算，报全国总工会。

第十四条 市级工会的职权：

（一）汇总编制市级工会总预算，报省级工会备案；

（二）编制市级工会本级预（决）算草案，经必要程序审查、审议通过后报省级工会审批或备案；

（三）编制市级工会本级预算调整方案，经必要程序审查、审议通过后报省级工会审批或备案；

（四）审批市级工会本级预算单位的预（决）算，对县级工会的本级预（决）算和预算调整方案实行审批或备案管理；

（五）决定本级预备费的动用；

（六）汇总本级及以下各级工会决算，报省级工会。

第十五条 县级工会的职权：

（一）汇总编制县级工会总预算，报市级工会备案；

（二）编制县级工会本级预（决）算草案，经必要程序审查、审议通过后报市级工会审批或备案；

（三）编制县级工会本级预算调整方案，经必要程序审查、审议通过后报市级工会审批或备案；

（四）审批县级工会本级预算单位的预（决）算，对下一级工会的本级预（决）算和预算调整方案实行审批或备案管理；

（五）决定本级预备费的动用；

（六）汇总本级及以下各级工会决算，报市级工会。

第十六条 乡镇（街道）工会、开发区（工业园区）工会预算管理职权由省级工会确定。

第十七条 基层工会的职责：

（一）负责编制本级工会预（决）算草案和预算调整方案，

经本级经费审查委员会审查后，由本级工会委员会审批，报上级工会备案；

（二）组织本级预算的执行；

（三）定期向本级工会经费审查委员会报告本级工会预算执行情况；

（四）批复本级所属预算单位的预（决）算；

（五）编制本级工会决算，报上级工会。

第三章 预算收支范围

第十八条 预算由预算收入和预算支出组成。工会及所属预算单位的全部收入和支出都应当纳入预算。

第十九条 县级以上工会预算收入包括：拨缴经费收入、上级补助收入、政府补助收入、附属单位上缴收入、投资收益、其他收入。

基层工会预算收入包括：会费收入、拨缴经费收入、上级补助收入、行政补助收入、附属单位上缴收入、投资收益、其他收入。

第二十条 工会所属事业单位预算收入包括：财政拨款收入、事业收入、上级补助收入、附属单位上缴收入、经营收入、债务收入、非同级财政拨款收入、投资收益、其他收入。

第二十一条 县级以上工会预算支出包括：职工活动组织支出、职工服务支出、维权支出、业务支出、行政支出、资本性支出、补助下级支出、对附属单位的支出、其他支出。

基层工会预算支出包括：职工活动支出、职工服务支出、维权支出、业务支出、资本性支出、对附属单位的支出、其他支出。

第二十二条 工会所属事业单位的预算支出包括：行政支

出、事业支出、经营支出、上缴上级支出、对附属单位补助支出、投资支出、债务还本支出、其他支出。

第四章 预算编制与审批

第二十三条 根据国家财政预算管理要求和工会预算管理实际，全国总工会及时印发下一年度预算草案编制的通知。省、市、县级工会应根据全国总工会预算编制的有关要求，结合实际情况进行部署，编制本级预算，汇总下一级工会总预算，按规定时限报上一级工会。

第二十四条 各级工会、各预算单位应当围绕党和国家工作大局，紧扣工会中心工作，参照国务院财政部门制定的政府收支分类科目、预算支出标准和预算绩效管理的规定，根据跨年度预算平衡的原则，参考上一年预算执行情况、存量资产情况和有关支出绩效评价结果，编制预算草案。

前款所称政府收支分类科目，收入分为类、款、项、目；支出按其功能分类分为类、款、项，按其经济性质分类为类、款。

第二十五条 各级工会、各预算单位应当按照本办法规定的收支范围，依法、真实、完整、合理地编制年度收支预算。

第二十六条 根据《中华人民共和国工会法》等法律法规的规定，各级工会办公场所和工会活动设施等物质条件应由各级人民政府和单位行政提供。各级工会应积极争取同级政府或行政支持，将政府或行政补助纳入预算管理。在政府或行政补助不足的情况下，可以动用经费弥补不足，上级工会也可根据情况给予适当补助。

第二十七条 县级以上工会可根据所属事业单位分类情况，结合同级财政保障程度，对所属事业单位实行定额补助或定项补助。

第二十八条 各级工会支出预算的编制，应当贯彻勤俭节约的原则，优化经费支出结构，保障日常运行经费，从严控制"三公"经费和一般行政性支出，重点支持维护职工权益、为职工服务和工会活动等工会中心工作。

第二十九条 支出预算的编制按基本支出、项目支出进行分类。基本支出是预算单位为保障其正常运转、完成日常工作任务而编制的年度基本支出计划，按其性质分为人员经费和日常公用经费。基本支出之外为完成特定任务和事业发展目标所发生的支出为项目支出。

第三十条 县级以上工会的基本支出预算，应参照同级政府有关部门的有关规定、制度、费用标准以及核定的人员编制编列，当年未执行完毕的基本支出预算可在下年继续使用。

基层工会在单位行政不能足额保障的情况下，可根据需要从严编制基本支出预算。

第三十一条 各级工会上一年度未全部执行或未执行、下年需按原用途继续使用的项目资金，作为项目结转资金，纳入下一年度预算管理，用于结转项目的支出。

第三十二条 各级工会当年预算收入不足以安排当年预算支出的，可以动用以前年度结余资金弥补不足。各级工会一般不得对外举债，县级以上工会由于特殊原因确需向金融机构申请借款的，必须经过党组会议集体研究决定。

结转结余资金使用管理办法由全国总工会另行制定。

第三十三条 上级工会对下级工会的转移支付分为一般性转移支付和专项转移支付。

一般性转移支付是上级工会给下级工会未指定用途的补助，应当根据全国总工会的有关规定，结合下级工会的财力状况和工作需要编制。

专项转移支付是上级工会给下级工会用于专项工作的补助，应当根据工作需要，分项目编制。

县级以上工会应当将对下级工会的转移支付预计数提前下达下级工会。各级工会应当将上级工会提前下达的转移支付预计数编入本级预算。

第三十四条 县级以上工会应根据实际情况建立本级预算项目库。

第三十五条 县级以上工会应根据基本建设类项目立项批复确定的资金渠道编制年度支出预算。

第三十六条 各级工会、各预算单位编制预算时，应根据政府采购和工会资金采购的相关规定，编制年度采购预算。

第三十七条 县级以上工会可以按照本级预算支出额的百分之一至百分之三设置预备费，用于当年预算执行中因处理突发事件、政策性增支及其他难以预见的开支。

第三十八条 县级以上工会可以设置预算稳定调节基金，用于弥补以后年度预算资金的不足。

第三十九条 省级（含）以下总工会预算必须由党组集体审议决定，同级经费审查委员会履行相应审查职责，其他审查、审议的必要程序由各级工会确定。

第四十条 上一级工会认为下一级工会预算与法律法规、上级工会预算编制要求不符的，有权提出修订意见，下级工会应予调整。

第四十一条 各级工会本级预算经批准后，应当在二十日内批复所属预算单位。

第五章　预算执行与调整

第四十二条　各级工会预算由本级工会组织执行，具体工作由财务管理部门负责。

各级工会所属预算单位是本单位预算执行的主体，对本单位预算执行结果负责。

第四十三条　各级工会应按照年度预算积极组织收入。按照规定的比例及时、足额拨缴工会经费，不得截留、挪用。

第四十四条　预算批准前，上一年结转的项目支出和必要的基本支出可以提前使用。送温暖支出、突发事件支出和本级工会已确定年度重点工作支出等需提前使用的，必须经集体研究决定。预算批准后，按照批准的预算执行。

第四十五条　各级工会应根据年度支出预算和用款计划拨款。未经批准，不得办理超预算、超计划的拨款。

第四十六条　县级以上工会必须根据国家法律法规和全国总工会的相关规定，及时、足额拨付预算资金，加强对预算支出的管理和监督。各预算单位的支出必须按照预算执行，不得擅自扩大支出范围，提高开支标准，不得擅自改变预算资金用途，不得虚假列支。

第四十七条　当年预算执行中，县级以上工会因处理突发事件、政策性增支及其他难以预见的开支，需要增加预算支出的，可以由本级工会财务管理部门提出预备费的动用方案，报本级工会集体研究决定。

第四十八条　各级工会预算一经批准，原则上不作调整。

下列事项应当进行预算调整：

（一）需要增加或减少预算总支出的；

（二）动用预备费仍不足以安排支出的；

（三）需要调减预算安排的重点支出数额的；

（四）动用预算稳定调节基金的。

预算调整的程序按照预算编制的审批程序执行。

在预算执行中，各级工会因上级工会和同级财政增加不需要本级工会提供配套资金的补助而引起的预算收支变化，不属于预算调整。

第四十九条 各级工会、各预算单位的预算支出应当按照预算科目执行，严格控制不同预算科目、预算级次或项目间的预算资金调剂。确需调剂使用的，按照有关规定办理。

第五十条 县级以上工会在预算执行中有超收收入的，只能用于补充预算稳定调节基金。县级以上工会在预算年度中出现短收，应通过减少支出、调入预算稳定调节基金来解决。以上变化情况应在决算说明中进行反映。

第五十一条 县级以上工会和具备条件的基层工会应全面实施预算绩效管理。

第六章 决 算

第五十二条 各级工会应在每一预算年度终了后，按照全国总工会的有关规定编制本级工会收支决算草案和汇总下一级工会收支决算。

第五十三条 编制决算草案，必须符合法律法规和相关制度规定，做到收支真实、数据准确、内容完整、报送及时。

第五十四条 全国总工会和省、市、县级工会决算编制的职权按照本办法有关规定执行。

基层工会决算草案经本级经费审查委员会审查后，由本级工会委员会审批,并报上级工会备案。

第五十五条　各级工会所属预算单位的决算草案,应在规定的期限内报本级财务管理部门审核汇总。本级财务管理部门审核决算草案发现有不符合法律法规和工会规定的,有权责令其纠正。

第五十六条　各级工会应当将经批准的本级决算及下一级工会的决算汇总,在规定时间内报上一级工会备案。

第五十七条　上一级工会认为下一级工会决算与法律法规、上级工会决算编制要求不符的,有权提出修订意见,下级工会应予调整。

第五十八条　各级工会本级决算批准后,应当在十五个工作日内批复所属预算单位。

第七章　监督及法律责任

第五十九条　各级工会财务管理部门按照相关规定,对本级所属单位及下一级工会预(决)算进行财务监督。

第六十条　各级工会的预(决)算接受同级工会经费审查委员会的审查审计监督。预算执行情况同时接受上一级工会经费审查委员会的审计监督。

第六十一条　各级工会预算执行情况、决算依法接受政府审计部门的审计监督。

第六十二条　各级工会、各预算单位有下列行为之一的,责令改正,对负有直接责任的主管人员和其他直接责任人员追究行政责任。

(一)未按本办法规定编报本级预(决)算草案、预算调整方案和批复预(决)算的;

（二）虚列收入和支出的；

（三）截留、挪用、拖欠拨缴经费收入的；

（四）未经批准改变预算支出用途的。

第六十三条　各级工会、各预算单位及其工作人员存在下列行为之一的，责令改正，追回骗取、使用的资金，有违法所得的没收违法所得，对单位给予警告或者通报批评；对负有直接责任的主管人员和其他直接责任人员依法给予处分：

（一）虚报、冒领预算资金的；

（二）违反规定扩大开支范围、提高开支标准的。

第六十四条　县级以上工会预（决）算应在工会内部公开，经单位批准可向社会公开。

基层工会预（决）算应向全体工会会员公开。

涉密事项的预（决）算不得公开。

第八章　附　　则

第六十五条　本办法由全国总工会财务部负责解释。

第六十六条　省级工会应根据本办法，结合本地区本产业的实际，制定具体实施细则，并报全国总工会财务部备案。

第六十七条　本办法自 2020 年 6 月 1 日施行。2009 年 8 月 14 日颁发的《工会预算管理办法》同时废止。

工会女职工委员会工作条例

(2019年3月20日 总工发〔2019〕11号)

第一章 总 则

第一条 为加强工会女职工委员会组织建设和工会女职工工作，根据《中华人民共和国工会法》和《中国工会章程》的有关规定，制定本条例。

第二条 工会女职工委员会是在同级工会委员会领导下和上一级工会女职工委员会指导下的女职工组织，根据女职工的特点和意愿开展工作。

第三条 工会女职工委员会以马克思列宁主义、毛泽东思想、邓小平理论、"三个代表"重要思想、科学发展观、习近平新时代中国特色社会主义思想为指导，坚持自觉接受党的领导，保持和增强政治性、先进性、群众性，坚定不移走中国特色社会主义工会发展道路，推动男女平等基本国策的贯彻落实，依法表达和维护女职工的合法权益和特殊利益、竭诚服务女职工。

第二章 基 本 任 务

第四条 加强思想政治引领，组织女职工认真学习习近平新时代中国特色社会主义思想，开展理想信念教育，承担团结引导女职工听党话、跟党走的政治责任。教育女职工践行社会主义核心价值观，树立自尊、自信、自立、自强精神，不断提高思想道德素质、科学文化素质、技术技能素质和身心健康素质,建设有理想、有道德、有文化、有纪律的女职工队伍。

第五条 按照"五位一体"总体布局和"四个全面"战略布局要求,践行新发展理念,把握为实现中华民族伟大复兴的中国梦而奋斗的工人运动时代主题,弘扬劳模精神、劳动精神、工匠精神,动员和组织广大女职工在改革发展稳定第一线建功立业。

第六条 依法维护女职工在政治、经济、文化、社会和家庭等方面的合法权益和特殊利益,同一切歧视、虐待、摧残、迫害女职工的行为作斗争。

第七条 参与有关保护女职工权益的法律、法规、规章、政策的制定和完善,监督、协助有关部门贯彻实施。代表和组织女职工依法依规参加本单位的民主管理和民主监督。参与平等协商、签订集体合同和女职工权益保护等专项集体合同工作,并参与监督执行。指导和帮助女职工与用人单位签订并履行劳动合同。参与涉及女职工特殊利益的劳动关系协调和劳动争议调解,及时反映侵害女职工权益问题,督促和参与侵权案件的调查处理。做好对女职工的关爱服务,加强对困难女职工的帮扶救助。

第八条 开展家庭文明建设工作,围绕尊老爱幼、男女平等、夫妻和睦、勤俭持家、邻里团结等内容,充分发挥女职工在弘扬中华民族家庭美德、树立良好家风方面的独特作用。

第九条 推动营造有利于女职工全面发展的社会环境,发现、培养、宣传和推荐优秀女性人才,组织开展五一巾帼奖等评选表彰。

第十条 会同工会有关部门和社会有关方面共同做好女职工工作。在有关方面研究决定涉及女职工利益问题时,积极提出意见建议。

第十一条 与国际组织开展交流活动,为促进妇女事业发展作出贡献。

第三章 组 织 制 度

第十二条 各级工会建立女职工委员会。女职工委员会与工会委员会同时建立。企业、事业单位、机关和其他社会组织等工会基层委员会有女会员十人以上的建立女职工委员会，不足十人的设女职工委员。基层工会女职工委员会主任、副主任与工会委员会同时报上级工会审批。

第十三条 省、自治区、直辖市、地（市、州）总工会女职工委员会，实行垂直领导的产业工会女职工委员会，大型企业、事业单位、机关和其他社会组织等工会女职工委员会应设立办公室（女职工部），负责女职工委员会的日常工作；县级、乡镇（街道）、村（社区）工会和中、小企事业单位、机关等工会女职工委员会根据工作需要设专职或兼职工作人员，也可以设立办公室（女职工部）。

第十四条 女职工委员会委员由同级工会委员会提名，在充分协商的基础上产生，也可召开女职工大会或女职工代表大会选举产生。注重提高女劳动模范、一线女职工和基层工会女职工工作者在工会女职工委员会委员中的比例。县以上工会女职工委员会根据工作需要可聘请顾问若干人。

第十五条 县以上工会女职工委员会常务委员会由主任一人、副主任若干人、常委若干人组成。

第十六条 在工会代表大会、职工代表大会、教职工代表大会中，女职工代表的比例应与女职工占职工总数的比例相适应。

第十七条 工会女职工委员会是县以上妇联的团体会员，通过县以上地方工会接受妇联的业务指导。

第四章 干　部

第十八条　女职工委员会主任由同级工会女主席或女副主席担任，也可经民主协商，按照相应条件配备，享受同级工会副主席待遇。女职工委员会主任应提名为同级工会委员会或常务委员会委员候选人。

第十九条　女职工 200 人以上的企业、事业单位工会女职工委员会，应配备专职女职工工作干部。

第二十条　女职工委员会委员任期与同级工会委员会委员任期相同。在任期内，由于委员的工作变动等原因需要调整时，由工会女职工委员会提出相应的替补、增补人选，经同级工会委员会审议通过予以替补、增补，并报上级工会女职工委员会备案。

第二十一条　各级工会女职工委员会要按照革命化、年轻化、知识化、专业化的要求和德才兼备、以德为先、任人唯贤的原则，努力建设一支政治坚定、业务扎实、作风过硬、廉洁自律、热爱女职工工作、深受女职工信赖的干部队伍。

第二十二条　各级工会女职工委员会要加强对女干部的培养，重视培训工作，提高女干部队伍的整体素质。

第五章 工 作 制 度

第二十三条　女职工委员会实行民主集中制。凡属重大问题，要广泛听取女职工意见，由委员会或常务委员会进行充分的民主讨论后作出决定。

第二十四条　女职工委员会根据工作需要制定有关制度。每年召开一至二次常务委员会和委员会会议，也可临时召开会议。

第二十五条 工会女职工委员会要定期向同级工会委员会和上级工会女职工委员会报告工作。

第二十六条 县以上各级工会女职工委员会要把工作重心放在基层，增强基层女职工组织的活力，为广大女职工服务。

第六章 经 费

第二十七条 各级工会要为工会女职工委员会开展工作与活动提供必要的经费，所需经费应列入同级工会的经费预算。

第七章 附 则

第二十八条 各地方工会女职工委员会可根据本条例制定实施细则。

第二十九条 本条例由中华全国总工会女职工委员会负责解释。

企业工会主席合法权益保护暂行办法

(2007年8月20日 总工发〔2007〕32号)

第一章 总 则

第一条 为坚持主动依法科学维权，保护企业工会主席合法权益，保障其依法履行职责，发挥企业工会促进企业发展、维护职工权益的作用，依据《工会法》、《劳动法》、《劳动合同法》

等法律法规，制定本办法。

第二条 中华人民共和国境内各类企业工会专职、兼职主席、副主席（以下简称工会主席）的合法权益保护，适用本办法。

企业化管理的事业单位、民办非企业单位工会主席，区域性行业性工会联合会、联合基层工会主席的合法权益保护，参照本办法执行。

第三条 各级工会要依据国家法律法规和政策，严格按照中国工会章程的规定和组织程序，运用法律、经济等手段，保护企业工会主席的合法权益。

第二章 保护内容与措施

第四条 企业工会主席因依法履行职责，被企业降职降级、停职停薪降薪、扣发工资以及其他福利待遇的，或因被诬陷受到错误处理、调动工作岗位的，或遭受打击报复不能恢复原工作、享受原职级待遇的，或未安排合适工作岗位的，上级工会要会同该企业党组织督促企业撤销处理决定，恢复该工会主席原岗位工作，并补足其所受经济损失。

在企业拒不纠正的情况下，上级工会要向企业的上级党组织报告，通过组织渠道促使问题的解决；或会同企业、行业主管部门、或提请劳动行政部门责令该企业改正。

第五条 企业工会主席因依法履行职责，被企业无正当理由解除或终止劳动合同的，上级工会要督促企业依法继续履行其劳动合同，恢复原岗位工作，补发被解除劳动合同期间应得的报酬，或给予本人年收入二倍的赔偿，并给予解除或终止劳动合同时的经济补偿金。

在企业拒不改正的情况下，上级工会要提请劳动行政部门责令该企业改正，直至支持权益受到侵害的工会主席向人民法院提起诉讼。对于发生劳动争议，工会主席本人申请仲裁或者提起诉讼的，应当为其提供法律援助，支付全部仲裁、诉讼费用。

第六条 企业工会主席因依法履行职责，被故意伤害导致人身伤残、死亡的，上级工会要支持该工会主席或者其亲属、代理人依法追究伤害人的刑事责任和民事责任。

对于被故意伤害导致人身伤残的工会主席，上级工会要视其伤残程度给予一次性补助；对于被故意伤害导致死亡的工会主席，要协助其直系亲属做好善后处理事宜，并给予一次性慰问金。

第七条 企业工会主席因依法履行职责，遭受企业解除或终止劳动合同，本人不愿意继续在该企业工作、导致失业的，上级工会要为其提供就业帮助；需要就业培训的，要为其免费提供职业技能培训。在该工会主席失业期间，上级工会要按照本人原岗位工资收入给予补助，享受期限最多不超过六个月。

第八条 企业非专职工会主席因参加工会会议、学习培训、从事工会工作，被企业扣发或减少工资和其他经济收入的，上级工会要督促企业依法予以足额补发。

第三章 保护机制与责任

第九条 各级工会领导机关要建立保护企业工会主席责任制，逐级承担保护企业工会主席合法权益的职责。企业工会的上一级工会要切实负起责任，保护所属企业工会主席的合法权益。

第十条 县（区）级以上工会领导机关要设立工会干部权益保障金，省级工会50万元、地（市）级工会30万元、县（区）级工会10万元，年末结余滚存下一年度使用。当年使用不足时可以动用滚存结余，仍不足时可追加。本级工会经费有困难时，可向上级工会提出补助申请。

要切实加强工会干部权益保障金的管理，专款专用。各级工会经费审查委员会要加强审查和监督工作。

第十一条 县（区）级以上工会领导机关要建立由组织部门牵头、相关部门参加的工作协调机构，受理下级工会或企业工会主席的维权申请、核实、报批和资料存档等相关事宜。

当工会主席合法权益受到侵害后，工会主席本人或者其所在企业工会组织向上一级工会提出书面保护申请及相关证明材料；上一级工会要及时做好调查核实工作，采取相应保护措施。需要支付保障金的，要按照隶属关系向县（区）级地方工会提出申请。县（区）级以上地方工会应依据实际情况，及时向合法权益受到侵害的工会主席支付权益保障金。

第四章 附 则

第十二条 全国铁路、金融、民航工会适用本办法。

第十三条 本办法由中华全国总工会解释。

第十四条 本办法自公布之日起施行。

企业工会主席产生办法（试行）

（2008 年 7 月 25 日）

第一章 总 则

第一条 为健全完善企业工会主席产生机制，充分发挥工会主席作用，切实履行工作职责，增强工会组织凝聚力，根据《工会法》、《中国工会章程》和《企业工会工作条例》，制定本办法。

第二条 中华人民共和国境内企业和实行企业化管理的事业单位、民办非企业单位的工会主席产生适用本办法。

第三条 企业工会主席产生，应坚持党管干部、依法规范、民主集中、组织有序的原则。

第四条 上一级工会应对企业工会主席产生进行直接指导。

第二章 任职条件

第五条 企业工会主席应具备下列条件：

（一）政治立场坚定，热爱工会工作；

（二）具有与履行职责相应的文化程度、法律法规和生产经营管理知识；

（三）作风民主，密切联系群众，热心为会员和职工服务；

（四）有较强的组织协调能力。

第六条 企业行政负责人（含行政副职）、合伙人及其近亲属，人力资源部门负责人，外籍职工不得作为本企业工会主席候选人。

第三章　候选人产生

第七条 企业工会换届或新建立工会组织，应当成立由上一级工会、企业党组织和会员代表组成的领导小组，负责工会主席候选人提名和选举工作。

第八条 企业工会主席候选人应以工会分会或工会小组为单位酝酿推荐，或由全体会员以无记名投票方式推荐，上届工会委员会、上一级工会或工会筹备组根据多数会员的意见，提出候选人名单。

企业工会主席候选人应多于应选人。

第九条 企业党组织和上级工会应对企业工会主席候选人进行考察，对不符合任职条件的予以调整。

第十条 企业工会主席候选人应进行公示，公示期为七天。公示按姓氏笔画排序。

第十一条 企业工会主席候选人应报经企业党组织和上一级工会审批。

第十二条 上级工会可以向非公有制企业工会、联合基层工会推荐本企业以外人员作为工会主席候选人。

第四章　民　主　选　举

第十三条 企业工会主席产生均应依法履行民主选举程序，经会员民主选举方能任职。

第十四条 选举企业工会主席应召开会员大会或会员代表大

会，采取无记名投票方式进行。

因故未出席会议的选举人，不得委托他人代为投票。

第十五条 企业工会主席可以由会员大会或会员代表大会直接选举产生，也可以由企业工会委员会选举产生；可以与企业工会委员会委员同时进行选举，也可以单独选举。

第十六条 会员大会或会员代表大会选举企业工会主席，参加选举人数为应到会人数三分之二以上时，方可进行选举。

企业工会主席候选人获得赞成票超过应到会有选举权人数半数的始得当选。

第十七条 任何组织和任何个人不得妨碍民主选举工作，不得阻挠有选举权和被选举权的会员到场，不得以私下串联、胁迫他人等非组织行为强迫选举人选举或者不选举某个人，不得以任何方式追查选举人的投票意向。

第十八条 企业工会主席出现空缺，应在三个月内进行补选。

补选前应征得同级党组织和上一级工会的同意，暂由一名副主席或委员主持工作，一般期限不得超过三个月。

第五章　管理与待遇

第十九条 企业工会主席选举产生后应及时办理工会法人资格登记或工会法人代表变更登记。

企业工会主席一般应按企业副职级管理人员条件选配并享受相应待遇。

公司制企业工会主席应依法进入董事会。

第二十条 企业工会主席由同级党组织与上级工会双重领导，以同级党组织领导为主。尚未建立党组织的企业，其工会主席接受上一级工会领导。

第二十一条 职工二百人以上的企业依法配备专职工会主席。由同级党组织负责人担任工会主席的，应配备专职工会副主席。

企业应依法保障兼职工会主席的工作时间及相应待遇。

第二十二条 企业工会主席任期未满，企业不得随意调动其工作，不得随意解除其劳动合同。因工作需要调动时，应当征得本级工会委员会和上一级工会同意，依法履行民主程序。

工会专职主席自任职之日起，其劳动合同期限自动延长，延长期限相当于其任职期间；非专职主席自任职之日起，其尚未履行的劳动合同期限短于任期的，劳动合同期限自动延长至任期期满。任职期间个人严重过失或者达到法定退休年龄的除外。

罢免、撤换企业工会主席须经会员大会全体会员或者会员代表大会全体代表无记名投票过半数通过。

第二十三条 由上级工会推荐并经民主选举产生的企业工会主席，其工资待遇、社会保险费用等，可以由企业支付，也可以由上级工会或上级工会与其他方面合理承担。

第六章　附　　则

第二十四条 联合基层工会、基层工会联合会主席的产生，参照本办法执行。

第二十五条 本办法由中华全国总工会负责解释。

第二十六条 本办法自发布之日起施行。

工会会员会籍管理办法

(2016 年 12 月 12 日)

第一章 总 则

第一条 为规范工会会员会籍管理工作，增强会员意识，保障会员权利，根据《中华人民共和国工会法》和《中国工会章程》等有关规定，制定本办法。

第二条 工会会员会籍是指工会会员资格，是职工履行入会手续后工会组织确认其为工会会员的依据。

第三条 工会会员会籍管理，随劳动（工作）关系流动而变动，会员劳动（工作）关系在哪里，会籍就在哪里，实行一次入会、动态接转。

第二章 会籍取得与管理

第四条 凡在中国境内的企业、事业单位、机关和其他社会组织中，以工资收入为主要生活来源或者与用人单位建立劳动关系的体力劳动者和脑力劳动者，不分民族、种族、性别、职业、宗教信仰、教育程度，承认《中国工会章程》，都可以加入工会为会员。

第五条 职工加入工会，由其本人通过口头或书面形式及通过互联网等渠道提出申请，填写《中华全国总工会入会申请书》和《工会会员登记表》，经基层工会审核批准，即为中华全国总工会会员，发给《中华全国总工会会员证》(以下简称"会员证")，享有会员权利，履行会员义务。工会会员卡（以下简称"会员卡"）也可以作为会员身份凭证。

第六条　尚未建立工会的用人单位职工，按照属地和行业就近原则，可以向上级工会提出入会申请，在上级工会的帮助指导下加入工会。用人单位建立工会后，应及时办理会员会籍接转手续。

第七条　非全日制等形式灵活就业的职工，可以申请加入所在单位工会，也可以申请加入所在地的乡镇（街道）、开发区（工业园区）、村（社区）工会和区域（行业）工会联合会等。会员会籍由上述工会管理。

第八条　农民工输出地工会开展入会宣传，启发农民工入会意识；输入地工会按照属地管理原则，广泛吸收农民工加入工会。农民工会员变更用人单位时，应及时办理会员会籍接转手续，不需重复入会。

第九条　劳务派遣工可以在劳务派遣单位加入工会，也可以在用工单位加入工会。劳务派遣单位没有建立工会的，劳务派遣工在用工单位加入工会。

在劳务派遣工会员接受派遣期间，劳务派遣单位工会可以与用工单位工会签订委托管理协议，明确双方对会员组织活动、权益维护等方面的责任与义务。

加入劳务派遣单位工会（含委托用工单位管理）的会员，其会籍由劳务派遣单位工会管理。加入用工单位工会的会员会籍由用工单位工会管理。

第十条　基层工会可以通过举行入会仪式、集体发放会员证或会员卡等形式，增强会员意识。

第十一条　基层工会应建立会员档案，实行会员实名制，动态管理会员信息，保障会员信息安全。

第十二条　会员劳动（工作）关系发生变化后，由调出单位工会填写会员证"工会组织关系接转"栏目中有关内容。会员的《工会会员登记表》随个人档案一并移交。会员以会员证或会员卡等证明其工会会员身份，新的用人单位工会应予以接转登记。

第十三条　已经与用人单位解除劳动（工作）关系并实现再就业的会员，其会员会籍应转入新的用人单位工会。如新的用人单位尚未建立工会，其会员会籍原则上应暂时保留在会员居住地工会组织，待所在单位建立工会后，再办理会员会籍接转手续。

第十四条　临时借调到外单位工作的会员，其会籍一般不作变动。如借调时间六个月以上，借调单位已建立工会的，可以将会员关系转到借调单位工会管理。借调期满后，会员关系转回所在单位。会员离开工作岗位进行脱产学习的，如与单位仍有劳动（工作）关系，其会员会籍不作变动。

第十五条　联合基层工会的会员会籍接转工作，由联合基层工会负责。区域（行业）工会联合会的会员会籍接转工作，由会员所在基层工会负责。

第十六条　各级工会分级负责本单位本地区的会员统计工作。农民工会员由输入地工会统计。劳务派遣工会员由劳务派遣单位工会统计，加入用工单位工会的由用工单位工会统计。保留会籍的人员不列入会员统计范围。

第三章　会籍保留与取消

第十七条　会员退休（含提前退休）后，在原单位工会办理保留会籍手续。退休后再返聘参加工作的会员，保留会籍不作变动。

第十八条　内部退养的会员，其会籍暂不作变动，待其按国家有关规定正式办理退休手续后，办理保留会籍手续。

第十九条　会员失业的，由原用人单位办理保留会籍手续。原用人单位关闭或破产的，可将其会籍转至其居住地的乡镇（街道）或村（社区）工会。重新就业后，由其本人及时与新用人单位接转会员会籍。

第二十条　已经加入工会的职工，在其服兵役期间保留会籍。服兵役期满，复员或转业到用人单位并建立劳动关系的，应及时办理会员会籍接转手续。

第二十一条　会员在保留会籍期间免交会费，不再享有选举权、被选举权和表决权。

第二十二条　会员有退会自由。对于要求退会的会员，工会组织应做好思想工作。对经过做思想工作仍要求退会的，由会员所在的基层工会讨论后，宣布其退会并收回其会员证或会员卡。会员没有正当理由连续六个月不交纳会费、不参加工会组织生活，经教育拒不改正，应视为自动退会。

第二十三条　对严重违法犯罪并受到刑事处分的会员，开除会籍。开除会员会籍，须经会员所在工会小组讨论提出意见，由工会基层委员会决定，并报上一级工会备案，同时收回其会员证或会员卡。

第四章　附　　则

第二十四条　本办法由中华全国总工会负责解释。

第二十五条　本办法自印发之日起施行。2000 年 9 月 11 日印发的《中华全国总工会关于加强工会会员会籍管理有关问题的暂行规定》（总工发〔2000〕18 号）同时废止。

职工互助保障组织监督管理办法

(2020年2月26日 总工办发〔2020〕6号)

为加强职工互助保障组织的监督管理,规范职工互助保障组织的运营行为,根据国家法律法规和《中国工会章程》《中华全国总工会关于加强职工互助保障活动规范和管理的意见》,制定本办法。

第一章 总 则

第一条 职工互助保障组织是指依托各级工会组织,以互助互济方式为职工提供保障服务的非营利性法人组织。职工互助保障活动是指各级工会职工互助保障组织为维护职工医疗、健康等保障权益而开展的职工互助互济活动。

第二条 职工互助保障组织应当坚持服务职工的公益属性,坚持互助的组织特色,坚持发挥对社会保障的补充作用。遵循依法独立承担责任,成本、风险可控的原则,切实维护职工和会员权益。

第三条 职工互助保障组织开展职工互助保障活动,必须遵守法律、法规及本办法规定,接受本级和上级监管部门(机构)监督。职工互助保障组织不得以职工互助保障活动为由从事营利性活动。

第二章 监督管理体制

第四条 全国总工会制定全国职工互助保障组织管理制度,

负责中国职工保险互助会有关审批事宜；全总资产监督管理部和全总组织部、财务部、机关党委、经费审查委员会办公室等部门按照职责分工，共同做好中国职工保险互助会管理工作。

第五条 全总资产监督管理部对全国职工互助保障组织进行资产监督管理和业务指导，行使以下职责：

（一）监督全国职工互助保障组织管理制度实施，沟通协调相关政策。

（二）对中国职工保险互助会开展的互助保障活动项目实施备案管理。

（三）指导各级工会资产监督管理部门做好互助保障组织资产的日常监督管理工作。

（四）指导全国职工互助保障组织自律工作。

第六条 省级、市级工会负责对本区域内职工互助保障组织的管理，研究拟定本级职工互助保障组织管理制度，对本级或下级职工互助保障组织的成立、变更、撤销进行审批或报备，对本级职工互助保障活动正常开展所需的工作人员、工作经费等予以适当保障；指导和支持中国职工保险互助会所在地办事处工作。

第七条 省级、市级工会资产监督管理机构和职工互助保障组织业务指导部门，负责对本区域内职工互助保障组织资产监督管理和业务管理，监督本级职工互助保障组织管理制度实施，沟通协调相关政策。

第八条 建立健全全国职工互助保障行业自律组织，由中国职工保险互助会承担其职能，行使以下职责：

（一）促进职工互助保障组织间的沟通交流，积极开展教育培训，提升职工互助保障活动从业人员队伍专业能力。

（二）统筹推进职工互助保障活动宣传和品牌建设。

（三）为地方职工互助保障组织提供咨询、服务。地方职工互助保障组织应作为团体会员，加入中国职工保险互助会。

第三章 设立及撤销

第九条 省级、市级工会可以根据本地区经济发展水平和职工保障实际设立职工互助保障组织、开展职工互助保障活动。

第十条 设立职工互助保障组织应当经本级工会批准，在相关部门登记注册并依法取得法人资格。

第十一条 设立职工互助保障组织应当具备以下条件：

（一）合法财产和经费来源。

（二）符合法律法规及本办法规定的活动章程或规则。

（三）健全的组织机构和管理制度。

（四）固定工作场所和必要的业务设施。

（五）具备任职所需专业知识和业务工作经验的管理人员。

第十二条 职工互助保障组织设立时，主办工会应当明确本级职工互助保障组织的业务管理部门（机构），指导职工互助保障组织依法依规开展工作。

第十三条 职工互助保障组织的停办、撤销需经主办工会同意并依据相关法律法规及规定办理，确保资金、资产安全完整，切实维护入会职工权益。

第四章 运营规则

第十四条 职工互助保障活动内容是指具有共同保障需求的职工，依据章程及有关规定自愿成为职工互助保障组织会员，并缴纳会费形成互助基金，由该基金对会员发生约定的事故给付互助金，并开展普惠性会员服务。职工互助保障活动主要面向在职职工。

第十五条 职工互助保障活动项目保障期限一般控制在三年（含）以内，保障项目设计必须进行科学测算，并经本级和上级工会职工互助保障活动监管部门（机构）备案。

第十六条 职工互助保障组织应当在活动章程或规则中明确会员的权利和义务，维护会员权益、加强对会员的管理和服务。

第十七条 职工互助保障组织应当根据组织性质和业务特点，依照国家相关制度进行会计核算，建立符合职工互助保障活动特色的财务制度，不同保障活动项目单独核算。

第十八条 职工互助保障组织应当运用信息化手段建立符合职工互助保障活动的业务运营流程，建立完整的统计分析制度。

第十九条 职工互助保障组织应当建立健全偿付能力管理、稽核审计、合规管理等内部控制制度。

第二十条 职工互助保障组织应当建立适合职工互助保障组织运营特点的信息披露制度，并定期在适当范围内向全体会员进行信息披露。

第二十一条 职工互助保障组织应当自觉接受工会经审、财务和相关行政部门审计监督和检查，被审计和检查的单位要主动配合，据实提供各种凭单、账册、报表和资料。

第五章 财务管理

第二十二条 职工互助保障组织资金属于全体会员所有，任何组织、个人不得侵占和挪用。

第二十三条 职工互助保障资金应当由具有法人资格的职工互助保障组织集中统一管理。资金管理应遵循合法合规性、安全性、流动性原则，根据资金性质实行资产负债管理和全面风险管理，做好资产保值增值。

第二十四条 职工互助保障组织资金来源：

（一）会员自愿缴纳的职工互助保障活动会费。

（二）社会各界的捐赠。

（三）政府、行政和工会的资助或补助。

（四）在核准业务范围内开展活动和服务的收入。

（五）利息及其他合法收入。

第二十五条 职工互助保障组织的资金主要用于服务会员。支出范围包括：

（一）给付会员的互助金。

（二）开展与会员保障服务和促进事业发展的相关支出，包括救助慰问、健康管理、文体活动、宣传培训、法律服务等。

（三）日常管理、工作人员工资福利和行政办公支出。

第二十六条 职工互助保障组织应当对资金实行全面预算管理，严格控制和规范管理费用支出；职工互助保障组织负责预算编制和执行；主管工会对职工互助保障组织编制的预算进行审核、备案。

第二十七条 职工互助保障组织应当建立健全资金管理制度，完善资金收付转流程管理，规范资金审批权限。

第二十八条 职工互助保障组织资金只能用于银行存款、购买国债等低风险固定收益类产品，不得用于兴建、改建办公场所，不得购买股票、基金、债券、期货、理财等金融产品，不得违规投资运营。

第二十九条 职工互助保障组织应当依法规范资金账户管理，建立健全资金账户管理制度，资金账户的开设、变更、撤销必须依法依规履行相关程序，严格执行收支两条线管理，确保资金安全。

第三十条 职工互助保障组织应当明确资金运用职责，规范资金运用决策程序，大额资金使用必须集体决策并保留记录。

第三十一条 加强财务管理基础，健全岗位责任制，分离不相容岗位，明确各业务环节、岗位的衔接方式及操作标准，定期检查和评估制度执行情况，做到权责分明、相对独立和相互制衡。

第三十二条 职工互助保障组织应当建立健全内部稽核和外部审计制度。每年至少一次对职工互助保障活动资金管理情况进行内部稽核。职工互助保障组织应当聘请专业外部审计机构对职工互助保障资金管理情况进行年度审计。内部稽核和外部审计结果应当向相关机构和本级监管部门报告。

第六章 监督管理

第三十三条 工会资产监督管理机构和职工互助保障组织业务管理部门（机构）对职工互助保障组织的监督管理主要采取现场监督管理与非现场监督管理相结合的方式。应根据检查情况，定期对职工互助保障组织运营状况进行评估。

第三十四条 建立健全监督审计制度，将职工互助保障活动资金管理情况、偿付能力状况等列入重点监督检查范围。

第三十五条 职工互助保障组织应按规定及时报送偿付能力报告、业务统计报告、年度审计报告及其他有关报告、报表文件和资料。各级工会资产监督管理机构和职工互助保障组织业务管理部门（机构）应向上一级工会汇总上报本地区互助保障组织上述报告。

第三十六条 职工互助保障组织违反本办法，造成不良影响的，工会资产监督管理机构和职工互助保障组织业务管理部门

（机构）可以采取以下措施：

（一）责令改正。

（二）监管谈话。

（三）将其违规行为记入履职记录。

职工互助保障组织违反国家法律、法规的，依据国家相关法律、法规进行处罚。

第七章 附 则

第三十七条 本办法适用于省级、市级工会主办的职工互助保障组织。中华全国铁路总工会、中国民航工会全国委员会、中国金融工会全国委员会、新疆生产建设兵团总工会、中央和国家机关工会联合会开展的职工互助保障活动参照本办法执行。

第三十八条 本办法由全总资产监督管理部负责解释。

第三十九条 本办法自印发之日起执行。

基层工会法人登记管理办法

（2020年12月8日 总工办发〔2020〕20号）

第一章 总 则

第一条 为规范基层工会法人登记管理工作，依法确立基层工会民事主体地位，根据《中华人民共和国民法典》、《中华人民共和国工会法》及《中国工会章程》等有关规定，制定本办法。

第二条 我国境内的企业、事业单位、机关和其他社会组织等基层单位单独或联合建立的工会组织，区域性、行业性工会联合会，开发区（工业园区）工会，乡镇（街道）工会，村（社区）工会等工会组织（以下简称基层工会）申请取得、变更、注销法人资格，适用本办法。

第三条　基层工会按照本办法规定经审查登记，领取赋有统一社会信用代码的《工会法人资格证书》，取得法人资格，依法独立享有民事权利，承担民事义务。

第四条　各级工会应当依照规定的权限、范围、条件和程序，遵循依法依规、公开公正、便捷高效、科学管理的原则，做好基层工会法人登记管理工作。

第五条　省、自治区、直辖市总工会，设区的市和自治州总工会，县（旗）、自治县、不设区的市总工会（以下简称县以上各级地方总工会）应当为工会法人登记管理工作提供必要保障，所需费用从本级工会经费列支。具备条件的，可以专人负责工会法人登记管理工作。

开展工会法人登记管理工作，不得向基层工会收取费用。

第二章　登记管理机关

第六条　中华全国总工会和县以上各级地方总工会为基层工会法人登记管理机关。

登记管理机关相关部门之间应加强沟通，信息共享，协调配合做好工会法人登记管理工作。

第七条　基层工会法人登记按照属地原则，根据工会组织关系、经费收缴关系，实行分级管理：

（一）基层工会组织关系隶属于地方工会的，或与地方工会建立经费收缴关系的，由基层工会组织关系隶属地或经费关系隶属地相应的省级、市级或县级地方总工会负责登记管理；

（二）基层工会组织关系隶属于铁路、金融、民航等产业工会的，由其所在地省级总工会登记管理或授权市级总工会登记管理；

（三）中央和国家机关工会联合会所属各基层工会、在京的中央企业（集团）工会由中华全国总工会授权北京市总工会登记管理；京外中央企业（集团）工会由其所在地省级总工会登记管理或授权市级总工会登记管理。

登记管理机关之间因登记管理权限划分发生争议，由争议双方协商解决；协商解决不了的，由双方共同的上级工会研究确定。

第八条 登记管理机关应当制备工会法人登记专用章，专门用于基层工会法人登记工作，其规格和式样由中华全国总工会制定。

第九条 登记管理机关应当建立法人登记档案管理制度。

中华全国总工会建立统一的全国工会法人登记管理系统，登记管理机关实行网络化登记管理。

第三章 申 请 登 记

第十条 基层工会申请法人资格登记，应当具备以下条件：

（一）依照《中华人民共和国工会法》和《中国工会章程》的规定成立；

（二）有自己的名称、组织机构和住所；

（三）工会经费来源有保障。

基层工会取得法人资格，不以所在单位是否具备法人资格为前提条件。

第十一条 凡具备本办法规定条件的基层工会，应当于成立之日起六十日内，向登记管理机关申请工会法人资格登记。

第十二条 基层工会申请工会法人资格登记,应当向登记管理机关提交下列材料:

(一)工会法人资格登记申请表;

(二)上级工会的正式批复文件;

(三)其他需要提交的证明、文件。

第十三条 登记管理机关自受理登记申请之日起十五日内完成对有关申请文件的审查。审查合格的,颁发《工会法人资格证书》,赋予统一社会信用代码;申请文件不齐备的,应及时通知基层工会补充相关文件,申请时间从文件齐备时起算;审查不合格,决定不予登记的,应当书面说明不予登记的理由。

第十四条 《工会法人资格证书》应标注工会法人统一社会信用代码和证书编码。

工会法人统一社会信用代码按照统一社会信用代码编码规则编定。其中第一位为登记管理部门代码,以数字"8"标识;第二位为组织机构类别代码,以数字"1"或"9"标识,为基层工会赋码时选用"1",为其他类别工会赋码时选用"9"。

第十五条 基层工会登记工会法人名称,应当为上一级工会批准的工会组织的全称。一般由所在单位成立时登记的名称(区域性、行业性工会联合会应冠以区域、行业名称),缀以"工会委员会"、"联合工会委员会"、"工会联合会"等组成。

基层工会的名称具有唯一性,其他基层工会申请取得法人资格时不得重复使用。

第十六条 基层工会具备法人条件的,依法取得法人资格,工会主席为法定代表人。

第十七条 因合并、分立而新设立的基层工会,应当重新申请工会法人资格登记。

第四章 变 更 登 记

第十八条 取得工会法人资格的基层工会变更名称、住所、法定代表人等事项的，应当自变更之日起三十日内，向登记管理机关申请变更登记，并提交工会法人变更登记申请表和相关文件。

登记管理机关自受理变更登记申请之日起十五日内，换发《工会法人资格证书》，收回原证书。

第十九条 基层工会法人跨原登记管理机关辖区变更组织关系、经费收缴关系或住所的，由原登记管理机关办理登记管理权限变更手续，并按本办法确立的原则，将该基层工会法人登记管理关系转移到变更后的登记管理机关。

第二十条 取得工会法人资格的基层工会，合并、分立后存续，但原登记事项发生变化的，应当申请变更登记。

第二十一条 未经变更登记，任何组织和个人不得擅自改变工会法人资格登记事项。

第五章 注 销 登 记

第二十二条 取得工会法人资格的基层工会经会员大会或会员代表大会通过并报上一级工会批准撤销的，或因所在单位终止、撤销等原因相应撤销的，应当自撤销之日起三十日内，向登记管理机关申请注销登记，并提交工会法人注销登记申请表、上级工会同意撤销的文件或向上级工会备案撤销的文件，以及该基层工会经费、资产清理及债权债务完结的证明等材料。

登记管理机关自受理注销登记申请之日起十五日内完成审查

登记，收回《工会法人资格证书》。

第二十三条　取得工会法人资格的基层工会，因合并、分立而解散的，应当申请注销登记。

第六章　信息公告和证书管理

第二十四条　基层工会取得、变更、注销工会法人资格的，登记管理机关应当依法及时在报刊或网络上发布有关信息。

第二十五条　《工会法人资格证书》是基层工会法人资格的唯一合法凭证。未取得《工会法人资格证书》的基层工会，不得以工会法人名义开展活动。

《工会法人资格证书》及相关登记申请表样式由中华全国总工会统一制发。

第二十六条　《工会法人资格证书》的有效期为三年至五年，具体时间与工会的届期相同。

第二十七条　基层工会依法取得《工会法人资格证书》的，应当在证书有效期满前三十日内，向登记管理机关提交《工会法人资格证书》换领申请表和工会法人存续证明材料，经登记管理机关审查合格后换发新证，有效期重新计算。

第二十八条　《工会法人资格证书》不得涂改、抵押、转让和出借。《工会法人资格证书》遗失的，基层工会应当于一个月内在报刊或网络上发布公告，并向登记管理机关提交《工会法人资格证书》补领申请表、遗失公告和说明，申请补发新证。

第七章　监　督　管　理

第二十九条　登记管理机关应当加强对基层工会法人资格登

记工作的监督管理，基层工会应当接受并配合登记管理机关的监督管理。

上级工会应当加强对下级工会开展基层工会法人登记管理工作的指导和监督检查。

第三十条 不具备条件的基层工会组织或机构在申请登记时弄虚作假、骗取登记的，由登记管理机关予以撤销登记，收回《工会法人资格证书》和统一社会信用代码。

第三十一条 登记管理机关审查不严，或者滥用职权，造成严重后果的，依法依纪追究有关责任。

第八章 附 则

第三十二条 地方总工会等机构编制由机构编制部门负责管理的工会组织，由机构编制部门制发统一社会信用代码证书。

第三十三条 各级产业工会委员会申领《工会法人资格证书》，参照本办法执行。

第三十四条 县以上各级地方总工会派出的工会工作委员会、工会办事处等工会派出代表机关，工会会员不足二十五人仅选举组织员或者工会主席一人主持工作的基层工会，可以参照本办法规定申请取得统一社会信用代码证书。

第三十五条 各省、自治区、直辖市总工会可以根据本办法的规定，制定基层工会法人登记管理的具体实施细则，并报中华全国总工会备案。

第三十六条 本办法由中华全国总工会负责解释。

第三十七条 本办法自 2021 年 1 月 1 日起施行。2008 年 6 月 13 日中华全国总工会印发的《基层工会法人资格登记办法》同时废止。

附件：

1. 工会法人资格登记申请表（略）
2. 工会法人变更登记申请表（略）
3. 工会法人注销登记申请表（略）
4. 《工会法人资格证书》补（换）领申请表（略）
5. 工会统一社会信用代码申请表（略）
6. 工会法人资格证书样式（略）
7. 工会统一社会信用代码证书样式（略）

工会法律援助办法

（2008年8月11日　总工发〔2008〕52号）

第一章　总　　则

第一条　为履行维护职工合法权益基本职责，规范工会法律援助工作，发展和谐劳动关系，根据《中华人民共和国工会法》、《中华人民共和国劳动法》、《法律援助条例》和《中国工会章程》，制定本办法。

第二条　工会建立法律援助制度，为合法权益受到侵害的职工、工会工作者和工会组织提供无偿法律服务。

工会法律援助是政府法律援助的必要补充。

第三条　工会建立法律援助异地协作制度，省际、城际间工会组织及其法律援助机构可以互相委托，协助办理相关法律援助事项。

第四条　全国总工会法律工作部指导、协调全国工会法律援助工作。县级以上地方工会法律工作部门指导、协调本地区工会法律援助工作。

工会法律援助工作接受司法行政机关的业务指导。

第五条 对在工会法律援助工作中作出突出贡献的工会法律援助组织和人员，县级以上总工会和产业工会应在工会系统内部或会同司法行政等部门予以表彰、奖励。

第二章 机构和人员

第六条 县级以上地方工会和具备条件的地方产业工会设立法律援助机构，在同级工会领导下开展工作。

地方工会可以与司法行政部门协作成立工会（职工）法律援助工作站，也可以与律师事务所等机构合作，签订职工法律援助服务协议。

工会设立法律援助机构应当符合有关法律、法规的规定。

第七条 工会法律援助机构可以单独设立也可以与困难职工帮扶中心合署办公，法律援助机构负责人及相关管理人员由同级工会委派或者聘任。

法律援助工作人员可以从下列人员中聘请：

（一）工会公职律师、专兼职劳动争议调解员、劳动保障法律监督员等工会法律工作者。

（二）法律专家、学者、律师等社会法律工作者。

第三章 范围和条件

第八条 工会法律援助的范围：

（一）劳动争议案件；

（二）因劳动权益涉及的职工人身权、民主权、财产权受到侵犯的案件；

（三）工会工作者因履行职责合法权益受到侵犯的案件；

（四）工会组织合法权益受到侵犯的案件；

（五）工会认为需要提供法律援助的其他事项。

第九条 工会法律援助的形式：

（一）普及法律知识；

（二）提供法律咨询；

（三）代写法律文书；

（四）参与协商、调解；

（五）仲裁、诉讼代理；

（六）其他法律援助形式。

第十条 职工符合下列条件之一的，可以向工会法律援助机构申请委托代理法律援助：

（一）为保障自身合法权益需要工会法律援助，且本人及其家庭经济状况符合当地工会提供法律援助的经济困难标准。

（二）未达到工会提供法律援助的经济困难标准，但有证据证明本人合法权益被严重侵害，需要工会提供法律援助的。

农民工因请求支付劳动报酬或者工伤赔偿申请法律援助的，不受本办法规定的经济困难条件的限制。

第四章 申请和承办

第十一条 职工申请法律援助应当向劳动合同履行地或者用人单位所在地的工会法律援助机构提出。

工会工作者和工会组织申请工会法律援助应当向侵权行为地或者用人单位所在地的工会法律援助机构提出。

第十二条 职工申请工会法律援助机构代理劳动争议仲裁、

诉讼等法律服务，应当以书面形式提出，并提交下列材料：

（一）身份证、工作证或者有关身份证明；

（二）所在单位工会或者地方工会（含乡镇、街道、开发区等工会）出具的申请人经济困难状况的证明；

（三）与法律援助事项相关的材料；

（四）工会法律援助机构认为需要提供的其他材料。

提交书面申请确有困难的，可以口头申请。工会法律援助机构应当当场记录申请人基本情况、申请事项、理由和时间，并经本人签字。

第十三条　工会工作者、工会组织申请工会法律援助机构参与协商、调解，代理仲裁、诉讼等法律服务，应当以书面形式提出，并分别提交下列材料：

（一）工会工作者所在单位工会或者工会组织所在地方工会出具的情况证明或说明；

（二）与法律援助事项相关的材料；

（三）工会法律援助机构认为需要提供的其他材料。

第十四条　工会法律援助机构自收到申请之日起7日内按规定的条件进行审查。对符合条件的，由工会法律援助机构负责人签署意见，作出同意提供法律援助的书面决定，指派法律援助承办人员，并通知申请人。

对申请人提交的证件、证明材料不齐全的，应当要求申请人作出必要的补充或者说明，申请人未按要求作出补充或者说明的，视为撤销申请。

对不符合条件的，作出不予提供法律援助的决定，以口头或者书面形式通知申请人。

第十五条　工会法律援助机构对法律咨询、代写法律文书等法律服务事项，应当即时办理；复杂疑难的可以预约择时办理。

第十六条　法律援助承办人员接受工会法律援助机构的管理和监督，依法承办法律援助机构指定的援助事项，维护受援人合法权益。

第十七条　法律援助承办人员在援助事项结案后，应当向工会法律援助机构提交结案报告。

第十八条　法律援助事项结案后，工会法律援助机构应当按规定向承办人员支付法律援助办案补贴。补贴标准由县级以上地方工会根据本地实际情况确定。

第十九条　法律援助承办人员接受指派后，无正当理由不得拒绝、延迟或者中止、终止办理指定事项。

第二十条　法律援助承办人员未按规定程序批准，不得以工会法律援助机构名义承办案件。

第二十一条　法律援助承办人员应当遵守职业道德和执业纪律，不得收取受援人任何财物。

第五章　资金来源和管理

第二十二条　工会法律援助工作经费主要用于工会法律援助机构的办公、办案经费。县级以上地方工会应当将工会法律援助工作经费列入本级工会经费预算，并依据国家和工会财务制度的有关规定，制定相应管理办法。

第二十三条　对困难职工的法律援助补助资金，从工会困难职工帮扶中心专项资金中列支，管理和使用应当遵守《困难职工帮扶中心专项资金管理办法》的有关规定。

第二十四条　工会法律援助工作经费、对困难职工法律援助的补助资金，接受上级和本级工会财务、经审、法律、保障部门的监督检查。

第六章 附 则

第二十五条 各省、自治区、直辖市总工会可以根据本办法,结合本地实际,制定具体规定。

铁路、金融、民航、新疆生产建设兵团工会可以参照本办法执行。

第二十六条 本办法由全国总工会负责解释。

第二十七条 本办法自发布之日起执行。

工会劳动保护监督检查员管理办法

(2011年5月24日 总工发〔2011〕46号)

第一章 总 则

第一条 为加强工会劳动保护监督检查员的管理,切实发挥工会劳动保护监督检查员在安全生产、职业病防治工作中的监督作用,根据国家劳动安全卫生法律法规有关规定和中华全国总工会颁发的《工会劳动保护监督检查员工作条例》,制定本办法。

第二条 工会劳动保护监督检查员是指具有较高的政策、业务水平,熟练掌握劳动安全卫生法律法规,经过劳动保护业务培训和考核,经由上级工会任命的从事工会劳动保护工作的人员。

第三条 工会劳动保护监督检查员依照国家劳动安全卫生法律法规和中华全国总工会的有关规定行使监督检查权利,通过各种途径和形式,组织开展群众性劳动安全卫生工作,反映职工群众在劳动安全卫生方面的意愿，履行维护职工生命安全和身体健康权益的基本职责。

第二章 职　　责

第四条　学习党和国家的劳动安全卫生方针、政策，掌握劳动安全卫生法律、法规和技术标准、规范，钻研业务知识，研究、分析和掌握本地区、行业、企业的劳动安全卫生情况。

第五条　了解和掌握本地区或本行业内的企业劳动安全卫生技术措施制定、实施以及经费提取、使用情况。掌握重大安全隐患和严重职业危害情况，跟踪监督检查，督促其整改。特别重大隐患问题，应及时写出专题报告，报送本级政府及有关部门，督促落实。

第六条　为企业开展劳动安全卫生工作提供指导和服务。指导企业工会签订劳动安全卫生专项集体合同，并监督落实。

第七条　参加生产性建设工程项目职业安全卫生设施"三同时"的监督审查工作，对发现的问题，依照法律法规和标准规范提出改进意见。对于参加审查验收的工程项目，应整理专项材料归档，并对审查验收项目负责。

第八条　参加职工伤亡事故和其他严重危害职工健康事件的抢险救援和调查处理工作，对抢险救援、善后处理、调查处理等工作全过程进行监督，向有关部门提出处理意见和建议，并要求追究有关人员的责任。监督企事业单位落实防范和整改措施，整理事故调查材料并归档。

遵守伤亡事故调查处理工作纪律，严格执行廉洁自律的规定。

第九条　宣传职工在劳动安全卫生方面享有的权利与义务，

教育职工遵章守纪，提高劳动者的职业安全卫生意识和自我保护能力。

第十条 加强对劳动保护工作相关信息、资料的收集和整理，及时向所在工会组织和任命机关报送。

第十一条 执行监督检查任务，应主动出示工会劳动保护监督检查员证件。对阻挠监督检查工作的单位和个人，有权要求有关部门严肃处理。

第三章 组织管理

第十二条 工会劳动保护监督检查员的任职条件和任命程序，按中华全国总工会颁发的《工会劳动保护监督检查员工作条例》执行。

省（区、市）总工会、全国产业工会劳动保护监督检查员由中华全国总工会审批任命。

地（市）总工会、省属产业工会的工会劳动保护监督检查员由省（区、市）总工会审批任命，报中华全国总工会备案。

县（区）总工会、地（市）产业工会的工会劳动保护监督检查员由地（市）总工会审批任命，报省（区、市）总工会备案。

乡镇（街道）工会、县（区）所属产业（系统）工会的工会劳动保护监督检查员，由县（区）总工会审批任命，报地（市）总工会备案。

第十三条 工会劳动保护监督检查员对所在工会组织和任命机关负责。根据工作需要，任命机关可选调工会劳动保护监督检查员代表上级工会参加安全检查、"三同时"审查验收和职工伤亡事故、职业病危害事件的调查处理等工作，其所在工会组织应给予支持。

第十四条　工会劳动保护监督检查员参加职工伤亡事故、职业病危害事件的抢险救援时，所代表的工会组织应为其配备必要的通讯、音像设备，提供及时赶赴现场的交通工具和工作经费。

第十五条　工会劳动保护监督检查员参加有毒有害、矿山井下等危险场所检查，以及企业伤亡事故、职业危害事件抢险救援和调查处理享受特殊津贴。津贴标准参照同级政府有关监管部门或纪检监察办案人员补贴标准执行，津贴由同级工会列支。

第十六条　工会劳动保护监督检查员队伍应保持相对稳定。确因工作需要调离岗位、退休、退职及新增的人员，需在每年12月前上报任命机关予以备案。

第十七条　工会劳动保护监督检查员的任命、考核等工作由任命机关负责，日常工作由所在工会组织负责。

任命机关每年对工会劳动保护监督检查员的工作实绩进行年度考核。年度考核表每年12月中旬上报任命机关。任命机关将考核结果于次年1月上旬反馈所在工会组织，供所在工会组织干部考核参考，记入任命机关管理档案。

对于做出优异成绩的工会劳动保护监督检查员，由任命机关予以通报表扬。

工会劳动保护监督检查员证件由中华全国总工会统一印制。

第十八条　对于不履行监督检查职责或不称职的工会劳动保护监督检查员，由任命机关免去其资格并收回证件。

第十九条　工会劳动保护监督检查员业务培训由任命机关负责。

第二十条　工会劳动保护监督检查员必须取得相应专业资格。专业资格的培训由任命机关或委托有关院校承办。

第二十一条　工会劳动保护监督检查员依照有关法律、法规规定行使监督检查职权受到不公正待遇的,任命机关应维护其合法权益。

第四章 附 则

第二十二条 县(区)以上总工会参照本办法制定本级工会劳动保护监督检查员管理办法实施细则。

第二十三条 本办法自颁发之日起执行,解释权属中华全国总工会。

工会劳动法律监督办法

(2021年3月31日 总工办发〔2021〕9号)

第一章 总 则

第一条 为保障和规范工会劳动法律监督工作,维护职工合法权益,推动构建和谐劳动关系,根据《中华人民共和国宪法》和《中华人民共和国工会法》、《中华人民共和国劳动法》及《中国工会章程》等有关规定,制定本办法。

第二条 工会劳动法律监督,是工会依法对劳动法律法规执行情况进行的有组织的群众监督,是我国劳动法律监督体系的重要组成部分。

第三条 工会劳动法律监督工作应当遵循依法规范、客观公正、依靠职工、协调配合的原则。

第四条 全国总工会负责全国的工会劳动法律监督工作。

县级以上地方总工会负责本行政区域内的工会劳动法律监督工作。

乡镇（街道）工会、开发区（工业园区）工会、区域性、行业性工会联合会等负责本区域或本行业的工会劳动法律监督工作。

用人单位工会负责本单位的工会劳动法律监督工作。

第五条 上级工会应当加强对下级工会劳动法律监督工作的指导和督促检查。

涉及工会劳动法律监督的重大事项，下级工会应当及时向上级工会报告，上级工会应当及时给予指导帮助。对上级工会交办的劳动法律监督事项，下级工会应当及时办理并报告。

第六条 工会应当积极配合有关部门，对政府部门贯彻实施劳动法律法规的情况进行监督。

第七条 有关劳动安全卫生、社会保险等各类专业监督检查，已有相关规定的，按规定执行。

第二章 监督职责

第八条 工会开展劳动法律监督，依法享有下列权利：

（一）监督用人单位遵守劳动法律法规的情况；

（二）参与调查处理；

（三）提出意见要求依法改正；

（四）提请政府有关主管部门依法处理；

（五）支持和帮助职工依法行使劳动法律监督权利；

（六）法律法规规定的其他劳动法律监督权利。

第九条 工会对用人单位的下列情况实施监督：

（一）执行国家有关就业规定的情况；

（二）执行国家有关订立、履行、变更、解除劳动合同规定的情况；

（三）开展集体协商，签订和履行集体合同的情况；

（四）执行国家有关工作时间、休息、休假规定的情况；

（五）执行国家有关工资报酬规定的情况；

（六）执行国家有关各项劳动安全卫生及伤亡事故和职业病处理规定的情况；

（七）执行国家有关女职工和未成年工特殊保护规定的情况；

（八）执行国家有关职业培训和职业技能考核规定的情况；

（九）执行国家有关职工保险、福利待遇规定的情况；

（十）制定内部劳动规章制度的情况；

（十一）法律法规规定的其他劳动法律监督事项。

第十条 工会重点监督用人单位恶意欠薪、违法超时加班、违法裁员、未缴纳或未足额缴纳社会保险费、侮辱体罚、强迫劳动、就业歧视、使用童工、损害职工健康等问题。对发现的有关问题线索，应当调查核实，督促整改，并及时向上级工会报告；对职工申请仲裁、提起诉讼的，工会应当依法给予支持和帮助。

第十一条 工会应当加强法治宣传，引导用人单位依法用工，教育职工依法理性表达合理诉求。

第十二条 工会建立隐患排查、风险研判和预警发布等制度机制，加强劳动关系矛盾预防预警、信息报送和多方沟通协商，把劳动关系矛盾风险隐患化解在基层、消除在萌芽状态。

第十三条 县级以上工会经同级人大、政协同意，可以参加其组织的劳动法律法规执法检查、视察。

第三章 监督组织

第十四条 县级以上总工会设立工会劳动法律监督委员会，

在同级工会领导下开展工会劳动法律监督工作。工会劳动法律监督委员会的日常工作由工会有关部门负责。

基层工会或职工代表大会设立劳动法律监督委员会或监督小组。工会劳动法律监督委员会受同级工会委员会领导。职工代表大会设立的劳动法律监督委员会对职工代表大会负责。

工会劳动法律监督委员会任期与本级工会任期相同。

第十五条 县级以上工会劳动法律监督委员会委员由相关业务部门的人员组成，也可以聘请社会有关人士参加。

基层工会劳动法律监督委员会委员或监督小组成员从工会工作者和职工群众中推选产生。

第十六条 工会劳动法律监督委员会可以聘任若干劳动法律监督员。工会劳动法律监督委员会成员同时为本级工会劳动法律监督员。

第十七条 工会劳动法律监督员应当具备以下条件：

（一）具有较高的政治觉悟，热爱工会工作；

（二）熟悉劳动法律法规，具备履职能力；

（三）公道正派，热心为职工群众说话办事；

（四）奉公守法，清正廉洁。

第十八条 工会劳动法律监督员实行先培训合格、后持证上岗制度。工会劳动法律监督员由县级以上总工会负责培训，对考核合格的，颁发《工会劳动法律监督员证书》。证书样式由中华全国总工会统一制定。

第十九条 各级工会应当建立有关制度和信息档案，对工会劳动法律监督员进行实名制管理，具体工作由工会有关部门负责。

第二十条 工会可以聘请人大代表、政协委员、专家学者、社会人士等作为本级工会劳动法律监督委员会顾问，也可以通过聘请律师、购买服务等方式为工会劳动法律监督委员会提供法律服务。

第四章　监　督　实　施

第二十一条　基层工会对本单位遵守劳动法律法规的情况实行监督，对劳动过程中发生的违反劳动法律法规的问题，应当及时向生产管理人员提出改进意见；对于严重损害劳动者合法权益的行为，基层工会在向单位行政提出意见的同时，可以向上级工会和当地政府有关主管部门报告，提出查处建议。

第二十二条　职工代表大会设立的劳动法律监督委员会，对本单位执行劳动法律法规的情况进行监督检查，定期向职工代表大会报告工作，针对存在的问题提出意见或议案，经职工代表大会作出决议，督促行政方面执行。

第二十三条　工会建立健全劳动法律监督投诉制度，对实名投诉人个人信息应当予以保密。

第二十四条　上级工会收到对用人单位违反劳动法律法规行为投诉的，应当及时转交所在用人单位工会受理，所在用人单位工会应当开展调查，于三十个工作日内将结果反馈职工与上级工会。对不属于监督范围或者已经由行政机关、仲裁机构、人民法院受理的投诉事项，所在用人单位工会应当告知实名投诉人。

用人单位工会开展劳动法律监督工作有困难的，上级工会应当及时给予指导帮助。

第二十五条　工会在处理投诉或者日常监督工作中发现用人单位存在违反劳动法律法规、侵害职工合法权益行为的，可以进行现场调查，向有关人员了解情况，查阅、复制有关资料，核查事实。

第二十六条　工会劳动法律监督员对用人单位进行调查时，应当不少于2人，必要时上级工会可以派员参与调查。

工会劳动法律监督员执行任务时，应当将调查情况在现场如实记录，经用人单位核阅后，由调查人员和用人单位的有关人员共同签名或盖章。用人单位拒绝签名或盖章的，应当在记录上注明。

工会劳动法律监督员调查中应当尊重和保护个人信息，保守用人单位商业秘密。

第二十七条　工会主动监督中发现违反劳动法律法规、侵害职工合法权益行为的，应当及时代表职工与用人单位协商，要求整改。对于职工的投诉事项，经调查认为用人单位不存在违反劳动法律法规、侵害职工合法权益行为的，应当向职工说明；认为用人单位存在违反劳动法律法规、侵害职工合法权益行为的，应当代表职工协商解决。

第二十八条　工会对用人单位违反劳动法律法规、侵害职工合法权益的行为，经协商沟通解决不成或要求整改无效的，向上一级工会报告，由本级或者上一级工会根据实际情况向用人单位发出工会劳动法律监督书面意见。

用人单位收到工会劳动法律监督书面意见后，未在规定期限内答复，或者无正当理由拒不改正的，基层工会可以提请地方工会向同级人民政府有关主管部门发出书面建议，并移交相关材料。

第五章　监督保障

第二十九条　工会开展劳动法律监督活动所需经费纳入本级工会预算。

第三十条 地方工会可以结合实际,建立非公有制企业工会劳动法律监督员配套补助制度。

第三十一条 各级工会应当为工会劳动法律监督员履职创造必要条件。工会劳动法律监督员因依法履职受到打击报复的,有权向本级或上级工会反映,上级工会应当及时给予支持和帮助,依法维护其合法权益。

第六章 附 则

第三十二条 本办法由中华全国总工会负责解释。

第三十三条 本办法自印发之日起施行。1995年8月17日中华全国总工会印发的《工会劳动法律监督试行办法》同时废止。

图书在版编目（CIP）数据

工会工作实用手册／中国法制出版社编．—北京：中国法制出版社，2023.11
ISBN 978-7-5216-3925-4

Ⅰ．①工… Ⅱ．①中… Ⅲ．①工会工作-中国-手册 Ⅳ．①D412.6-32

中国国家版本馆CIP数据核字（2023）第188960号

责任编辑：李宏伟　　　　　　　　　　　　封面设计：杨鑫宇

工会工作实用手册
GONGHUI GONGZUO SHIYONG SHOUCE

经销/新华书店
印刷/三河市紫恒印装有限公司
开本/880毫米×1230毫米　32开　　　印张/ 9.25　字数/ 174千
版次/2023年11月第1版　　　　　　　　2023年11月第1次印刷

中国法制出版社出版
书号 ISBN 978-7-5216-3925-4　　　　　　　　　　　定价：35.00元

北京市西城区西便门西里甲16号西便门办公区
邮政编码：100053　　　　　　　　　　　传真：010-63141600
网址：http://www.zgfzs.com　　　　　　编辑部电话：010-63141804
市场营销部电话：010-63141612　　　　　印务部电话：010-63141606

（如有印装质量问题，请与本社印务部联系。）